Glória J. Soares de Oliveira Frank

Português com Prazer

Schlüssel

Glória J. Soares
de Oliveira Frank

Português
Com Prazer

Eine Einführung in die Weltsprache Portugiesisch
mit Liedern, Fotos und vielen Illustrationen

Schlüssel

DR. LUDWIG REICHERT VERLAG·WIESBADEN

Umschlag: Werner Heymann

CIP-Titelaufnahme der Deutschen Bibliothek

Soares de Oliveira Frank, Glória J.:
Português com prazer : eine Einführung in die Weltsprache Portugiesisch ;
mit Liedern, Fotos und vielen Illustrationen / Glória J. Soares de Oliveira Frank.
Mit Ill. von Werner Heymann. – Wiesbaden : Reichert
ISBN 3-88226-508-6

Schlüssel. - 1991

Gesamtherstellung: Hubert & Co., Göttingen · Printed in Germany

INHALTSVERZEICHNIS

Erläuterungen

1) Für alle **Übungen**, in denen der Lernende selbst einen Dialog zu bilden hat, ist die in diesem Heft angegebene Version nur eine von vielen möglichen. Sie hat nur Beispielfunktion und soll den Lernenden nicht daran hindern, durch Experimentieren neue Dialoge nach seinen persönlichen Ideen zu bilden.

2) Die im **Wörterverzeichnis** stehenden arabischen Zahlen kennzeichnen die entsprechenden Unidades.

3) Es wird nur jeweils die Unidade angegeben, in der eine Vokabel erstmalig vorkommt. Das gleiche Wort kann in verschiedenen Unidades aber unterschiedliche Bedeutungen haben. In diesen Fällen werden mehrere Unidades angegeben.

4) Die Verben werden meistens nur in der Grundform angegeben, außer es handelt sich um wichtige unregelmäßige Verben. Sie erscheinen dann durchkonjugiert.

SOLUÇÕES – SCHLÜSSEL

UNIDADE 1

Seite 3

Eu chamo-me Franz, sou alemão, moro em Landshut, sou engenheiro e trabalho no escritório. Sou casado.
Eu chamo-me Ana Isabel, sou portuguesa, sou estudante e trabalho na universidade e em casa. Sou solteira.

Seite 4

I

3) Sim, Hans é austríaco.
4) Sim, elas são holandesas.
5) Sim, eles são espanhóis (ela é espanhola, ele é espanhol).
6) Sim, ela é francesa.

II

Seite 4/5

2) Sim, (eu) moro em Faro, na Rua D. João I.
3) Sim, (eu) moro em Lagos, na Rua D. Dinis.
4) Onde (você) mora? Em Coimbra?
5) Onde (você) mora? Em S. Paulo?

III

2) Sim, (eu) sou de Berlim.
3) Sim, (eu) sou de Londres.
4) De onde é (você)? De Nuremberga?
5) De onde é (você)? De Viena?

IV

2) (Eu) trabalho no escritório.
3) (Eu) trabalho na escola.
4) Onde (você) trabalha? (Eu) trabalho no consultório.
5) Onde (você) trabalha? (Eu) trabalho em casa.

Seite 6

V

2) (Eu) sou engenheiro/engenheira.
3) (Eu) sou professor/professora.

4

UNIDADE 2

Seite 17

1) José: Olá, Tó. Tudo bem?
   Tó: Tudo óptimo. E você?/tu?
2) José: Boa tarde, Sr. Magalhães. Como vai o senhor?
   Sr. Magalhães (chefe): Bem, obrigado, e o senhor?

Seite 18

1) José: Tchau, até logo.
   João: Até logo.
2) João: Até à próxima.
   Sr. Costa: Adeus, bom dia/boa tarde.

I

1) Nós **somos** portugueses e eles **são** alemães.
2) Eu **sou** brasileira e ela **é** espanhola.
3) Tu **és** bávaro e ele **é** austríaco.
4) Você **é** italiana e ele **é** francês.
5) Vocês **são** americanos e eu **sou** francesa.

II

1) Você **mora** em Munique?
2) Tu **moras** no Brasil?
3) Ele **trabalha** na Áustria?
4) Ela **trabalha** no estúdio?
5) Nós **trabalhamos** na clínica.
6) Vocês **falam** japonês.
7) Eles **falam** bávaro.
8) Elas **gostam** de estudar História.
9) Quem **gosta** de cerveja?

Seite 23

I

1) Eu **sou** americano;
2) tu **és** holandês;
3) ele **é** grego;
4) ela **é** inglesa;
5) vocês **estão** com fome?
6) Nós **estamos** cansados;
7) vocês **estão** com frio?
8) Eles **estão** na Alemanha;
9) elas **são** casadas;
10) você **está** doente?
11) Vocês **são/estão** felizes?

II

1) **Está** calor.
2) **Está** frio.
3) **Está** a chover (chovendo).
4) **Está** a nevar (nevando).
5) **Está** sol.
Eu **estou ...**

UNIDADE 3

Seite 39

Às sete e meia a Catarina vai para a fábrica. Ela vai de metro.
A Catarina vai para a fábrica de metro.
Ela vai às sete e meia/às sete horas e trinta minutos.
O Flávio vai para o escritório de carro.
Ele vai às nove menos um quarto/às oito horas e quarenta e cinco minutos.
A Joana vai para Portugal (vai a Portugal) de comboio.
Ela vai às duas e meia/às catorze horas e trinta minutos.
O Tó vai para a Universidade de autocarro/ônibus.
Ele vai às oito e um quarto/oito horas e quinze minutos.

Fevereiro → segundo; Março → terceiro; Abril → quarto; Maio → quinto;

Junho → sexto; Julho → sétimo; Agosto → oitavo; Setembro → nono;

Outubro → décimo; Novembro → décimo-primeiro; Dezembro →
décimo-segundo.

UNIDADE 4

Seite 53

Ao almoço eu como . . .
e bebo . . .
A minha bebida preferida é . . .
Eu gosto/não gosto de café . . .
Eu como às . . . horas.
Em Portugal bebo/não bebo . . .
No Brasil bebo . . .

UNIDADE 5

Seite 64

I

1) Eu **tenho** fome e sede;
2) tu **vais** ao restaurante;
3) ele **tem** uma bicicleta;
4) ela **tem** um relógio de ouro;
5) você **vai** ao cinema hoje à noite?
6) Nós **vamos** ao teatro amanhã;

7) vocês **têm** tempo para tomar café?
8) Eles **têm** muita pressa;
9) elas **vão** sempre à praia.

II

1) O comboio **chega** à estação;
2) o comboio **parte** da linha 12;
3) eu **chego** a casa às 8h.;
4) tu **partes** de casa às 8h.;
5) ele **chega** ao escritório muito cedo;
6) ela **chega** sempre tarde/ela **parte** sempre tarde;
7) você **quer** um cafézinho?
8) Nós **partimos** amanhã para Portugal;
9) vocês **querem** ir ao cinema?
10) Eles **querem** ir ao restaurante;
11) elas **chegam/partem** 10 minutos mais tarde.
Eu chego a casa às . . .
Parto de férias em . . .

Seite 66

I

1) Você **tem de** estudar mais;
2) ele **precisa** dum posto de socorro;
3) eu **preciso** de amigos;
4) tu **tens de** ir cedo para casa;
5) nós **precisamos** de ar puro;
6) vocês **têm de** comprar fruta no mercado;
7) eles **têm de** telefonar para casa;
8) elas **precisam** duma cabina telefónica;
9) e você? **Precisa** de ajuda?

II

1) Você **pode** falar mais devagar?
2) Você **pode** repetir?
3) Tu **podes** ir mais depressa?
4) Eu **sei** cozinhar. E você?
5) Ele **sabe** falar inglês.
6) Você **sabe** falar bávaro?
7) Vocês **podem** entrar com cuidado.
8) Atenção! Ele **pode** escorregar.
9) Cuidado! O mar **pode** estar bravo.

UNIDADE 6

Seite 73

1) O carro **do** João.
2) A casa **da** Maria.
3) O livro **do** José.

4) A mota **da** Joana.
5) O apartamento **do** António.
6) O pudim **das** crianças.

Seite 76

1) Eu vou **para** a cidade.
2) Ela compra pão **para** você.
3) Você vai **para** casa.
4) Nós passamos **pelo** hotel;
5) eles vão **para** o trabalho;
6) vocês passam **pela** farmácia.

Seite 77

1) eu **faço** um bolo de chocolate;
2) tu **fazes** o jantar;
3) nós **fazemos** um passeio hoje à noite;
4) eles **fazem** perguntas demais;
5) vocês **fazem** uma grande festa de aniversário.

UNIDADE 7

Seite 82

I

1) b) Desculpe, a senhora é de Lisboa?
2) b) O que faz?/Onde trabalha/Em que trabalha?
3) b) Sou, mas vou muitas vezes a Portugal/Não, eu trabalho em Lisboa.
4) b) Onde mora? Vai muitas vezes a Portugal?

Seite 83

5) b) Fico em Lisboa/Vou ao Norte/Vou para o Algarve.
6) b) Bom apetite.

II

1) b) Gostaria de tomar um café?
2) b) Conhece um bom hotel na cidade, não muito caro?
3) b) Muito obrigado/-a.
4) b) Então, adeus, e muito abrigado/-a.

Seite 84

III

1) b) Para o hotel "Os Três Pinheiros", por favor/faz favor.
2) b) Quanto custa?/Quanto é?
3) b) Aqui está, boa tarde.

IV

1) b) Tem quartos livres?

8

2) b) Queria um quarto duplo com banho completo.
3) b) Qual é o preço só com o pequeno almoço?
4) b) Posso ver o quarto?/Gostaria de ver o quarto.

Seite 85

5) b) O quarto é muito escuro, não quero este quarto. Tem outro mais claro?
6) b) Este sim/está bem, fico aqui.
7) b) Qual é o horário das refeições?/A que horas é o almoço e o jantar? E o pequeno almoço?
8) b) Para você, faz favor.

V

1) b) Qual é a sua sugestão? Têm uma especialidade?
2) b) Pode explicar o prato, devagar?/É carne ou peixe? Como? Cozido?
3) b) Está bem, aceito a sua sugestão. Primeiro gostaria de . . . um refrigerante, por favor.
4) b) Prefiro salada/arroz e batatas fritas.
5) b) Também queria um aperitivo: um vinho do Porto branco, seco.

Seite 86

6) b) Muito obrigado/-a pela sua sugestão/A comida é óptima. Agora um café e a conta, por favor.
7) b) A que horas abre o correio, por favor?
8) b) É longe daqui ou posso ir a pé?
9) b) Obrigado/-a, até à próxima. Boa tarde.

VI

1) b) Um quilo de bananas, por favor.
2) b) Sim, meio quilo. Quanto custa o quilo?
3) b) Faz favor, . . . Boa tarde.

Seite 90 — Exercício oral — mündliche Übung:

2) Quando tenho sede vou ao café/bar.
3) Quando tenho de trocar dinheiro vou ao banco.
4) Quando quero comprar remédios vou à farmácia.
5) Quando quero comprar o jornal vou ao jornaleiro.
6) Quando quero enviar um postal para a Alemanha vou ao correio.
7) Quando quero fazer uma viagem pelos arredores da cidade vou ao turismo, a uma agência de viagens ou à Rodoviária.
8) Quando quero viajar vou à Rodoviária ou à Estação.

Correspondências: Was gehört zusammen?

1) comprar carnes frias — talho
2) ter sede — bar/café/esplanada
3) trocar dinheiro — banco
4) comprar remédios — farmácia
5) comprar o jornal — jornaleiro
6) enviar um postal — correio

7) fazer uma viagem — Rodoviária
8) viajar de comboio — estação (de caminhos de ferro = CP)

UNIDADE 8

Seite 96

Vendedor: Bom dia/boa tarde, faz favor/o que deseja?
Cliente: Bom dia/boa tarde, gostaria de ver um fato: calça/saia e casaco, Nr. . . . , verde/azul, etc.
Vendedor: Aqui tem um bom fato, muito bonito, não acha? Quer provar? A cabina é mesmo aqui.
Cliente: Qual é o preço? É de boa qualidade?
Vendedor: Custa 4800$00, a qualidade é excelente.
Cliente: Óptimo, aqui tem 5000$00.
Vendedor: Faz favor, o saco com o fato e 200$00 de troco. Obrigado e muito bom dia/boa tarde.

Seite 102

1) Eu **calço/descalço** os sapatos;
2) tu **calças/descalças** as meias-calças;
3) ele **veste/despe** as calças;
4) ela **veste/despe** a saia;
5) você **põe/tira** o chapéu;
6) nós **pomos/tiramos** o cinto;
7) vocês **põem/tiram** os óculos;
8) eles **vestem/despem** os calções;
9) eles **calçam/descalçam** as luvas.

UNIDADE 9

Seite 109

1) Como se chama?
2) O que é isto?
3) Quem tem um chapéu de chuva?
4) Alguém/quem tem fome?
5) Quanto custa?
6) Quando vai a Portugal?
7) Porque vai ao café/quer ir ao bar?

Seite 110

A

1) Munique é uma cidade **bonita/grande**.
2) Augsburgo é **perto** de Munique; Lindau é **longe** de Berlim.
3) Em Agosto, normalmente, está **calor;** em Dezembro está **frio**.
4) A minha cor preferida é o **vermelho/amarelo**, etc.
5) É **bom/óptimo** estudar protuguês.
6) Normalmente vou dormir **cedo/tarde**.
7) **Qual** é o seu fruto preferido?

10

8) **Quando** vai ao Brasil?
9) **Quantas** vezes tem férias?
10) **Quem/alguém** quer ir ao cinema hoje à noite?
11) **Quem** tem vontade de ir comigo?
12) **Todos** querem ir consigo/contigo.

B

1) Faço férias no campo porque gosto de flores, de plantas, de animais e de sossego.
2) Como muita fruta porque é saudável.

Seite 113 — II

2) De quem é **este chapéu? É meu.**
3) De quem são **estes óculos? São dela.**
4) De quem é **este livro? É seu.**
5) De quem é **esta bola? É nossa.**
6) De quem são **estes sapatos? São teus.**

Seite 114 — III

É **a minha bicicleta**, é **minha.**
É **o teu cão**, é **teu.**
É **a tua bicicleta**, é **tua.**
É **o seu cão**, é **dele.**
É **a sua bicicleta**, é **dela.**
É **o nosso cão**, é **nosso.**
É **a nossa bicicleta**, é **nossa.**
São **os vossos cães**, são **vossos.**
São **as vossas bicicletas**, são **vossas.**
São **as suas bicicletas**, são **delas.**
É **a sua bicicleta**, é **deles.**

UNIDADE 10

Seite 120 — I

1) A minha irmã, a Ana, é casada com o Manuel. Então, o Manuel é (o) meu **cunhado.** Eles têm dois filhos: a Helena e o Alfredo. Eles são (os) meus **sobrinhos.** Eu sou (o/a) **tio/tia** deles.
2) O Manuel tem um irmão, o Joaquim. O Joaquim é **cunhado** da Ana. A Ana é (a) **cunhada** do Joaquim. O Joaquim também tem dois filhos, como o Manuel. Os meninos são **primos.** Os filhos do Joaquim são: o Miguel e o Victor. O Miguel e o Victor são **sobrinhos** da Ana. Ela é **tia** deles.

Seite 121 — II

1) Faz favor.
2) Desculpe, mas . . . está muito escuro.
3) Faz favor/Desculpe mas . . . prefiro ler.

4) Não faz mal.
5) De nada.
6) Obrigado/-a.
7) Tanto faz/ainda não sei . . .
8) Obrigado/-a.
9) Tanto faz/ainda não sei.
10) Tanto faz/Desculpe, mas . . . prefiro ir a pé.
11) Um sumo/um café, faz favor; tanto faz.
12) Faz favor.

Seite 122

13) Faz favor/Desculpe, mas . . . agora não, em 10 minutos, por favor.
14) Faz favor.
15) Obrigado/-a.
16) Faz favor/Desculpe, mas . . . eu não fumo, por favor não.
17) Ainda não sei/talvez.
18) Talvez.

Seite 126 — III

1) Eu vou ao cinema **hoje/amanhã** à noite.
2) **Já** sabes o meu nome?
3) **Já** sei, sim, **agora** sei.
4) Em Portugal falo **sempre** português.
5) Eu **nunca/só** falo inglês com o meu irmão.

Seite 127

6) Ele **só** fala uma língua, o alemão.
7) Tenho bilhetes para o cinema para **hoje/amanhã.**
8) **Às vezes** gosto de ir ao circo/**De vez em quando** gosto de ir ao circo.
9) Ele chega sempre **cedo/tarde** a casa.
10) Você gosta de dormir **muito?**
11) Eu não gosto muito de cerveja, mas **às vezes/de vez em quando** bebo uma.
12) Você gosta **muito** ou **pouco** de português?
13) **Aqui** fala-se alemão. E em Viena?
14) **Lá** fala-se o dialecto de Viena e alemão.
15) Tu queres **mais/menos** leite ou mais/menos açúcar?
16) Eu vou fazer compras **antes/depois** do almoço.
17) Eu vou comprar pão **antes** das 18h.30m.
18) Não gosto **nada** de mostarda. Que horror!
19) **Tão** bonito! Que maravilha!

UNIDADE 11

Seite 132

Você: Bom dia/Boa tarde. Posso enviar daqui esta encomenda para a Alemanha?
Funcionária: Sim, pode. Faz favor de escrever o conteúdo por baixo do remetente.

Você:	Então, . . . contém livros. Faz favor.
Funcionária:	São 450$00. Pode colar os selos por cima do destinatário.
Você:	Também queria dois selos para postal, também para a Alemanha.
Funcionária:	Aqui estão, agora são 570$00.
Você:	Faz favor
Funcionária:	30$00 de troco, por favor.
Você:	Desculpe, onde posso telefonar com moedas?
Funcionária:	Aqui ao lado, à direita. Quer trocar dinheiro?
Você:	Não, obrigado/-a, não preciso.
Funcionária:	De nada, bom dia/boa tarde.
Você:	Bom dia/Boa tarde.

Seite 137

I

1) Amanhã eu **vou** falar com ele ao telefone.
2) Amanhã você **vai** comprar um fato novo.
3) Nas próximas férias ele **vai** visitar os amigos de Faro.
4) No fim do ano nós **vamos** fazer uma festa.
5) Na próxima semana vocês **vão** faltar?
6) Para a próxima eles **vão** ao cinema depois da aula de português.
7) Quando (você) **vai** fazer férias?

II

1) Eu **toco** piano;
2) você **brinca** com o cão;
3) nós **jogamos** às cartas;
4) vocês **tocam** flauta?
5) Ela **toca** guitarra;
6) ele **brinca** com o filho;
7) tu **jogas** ping-pong?

UNIDADE 12

Seite 142 "No turismo"

Você:	Bom dia.
Empregada:	Bom dia, faz favor.
Você:	Gostaria de visitar a cidade. O que vale a pena ver?
Empregada:	Aqui tem um mapa: a parte velha da cidade é muito bonita. Lá pode visitar a igreja de S. Francisco, o Museu de Arte Antiga, provar uns petiscos num restaurante típico. Aqui pode ver o trajecto das viagens nocturnas.
Você:	Qual é o preço das viagens nocturnas, e a que horas são?
Empregada:	Custa, por pessoa, 2000$00, com um aperitivo incluído. O autocarro parte daqui às 10 da noite.
Você:	Gostaria de fazer a viagem. Onde posso comprar os bilhetes?
Empregada:	Aqui ou no seu hotel.
Você:	Então compro aqui: dois bilhetes, por favor.
Empregada:	Faz favor, aqui tem o troco. Não vão a uma casa de fados?

Você:	Talvez, ainda não sei.
Empregada:	Então, obrigada, bom dia.
Você:	Obrigado/-a também, bom dia.

Seite 147 — I

1) Eu **vejo** bem ao perto e mal ao longe;
2) tu **vês** o João hoje à noite?
3) De onde **vem** (você)?
4) Ela **vem** de Passau;
5) vocês **vêem** um jogo de futebol hoje à noite?
6) Nós **vemos** um filme sobre o rio Amazonas;
7) você **vê** o chefe hoje?
8) Ele **vê** tudo tremido. Está doente?

Seite 150 — II

1) Vamos jantar **com** amigos.
2) **Sem** água não há vida.
3) Você vai de metro **para** casa?
4) Vou trabalhar **até** às cinco horas.
5) Nós gostamos **de** peixe.
6) Precisamos **da** lista.
7) O presente é **para** você.
8) O café fica **perto/longe** da cervejaria e **em frente** do hotel.
9) **Perto/atrás/ao lado** do banco fica a casa de chá.
10) **Por** quem foi feito o desenho?
11) Nós vamos **pelo** jardim, porque não gosto de ir **pela** cidade quando há muito trânsito.
12) Eles moram em Augsburgo **desde** Março.
13) **Até** às férias não quero falar alemão.
14) **Antes** de fazer uma viagem vou **sempre** ao dentista.
15) **Depois** do almoço faço a sesta.
16) **Em** casa do João há um empregado brasileiro.
17) Vou jantar fora **no** domingo.
18) Ele ainda está **no** hospital?
19) Elas pagam **ao** empregado ou **à** empregada?
20) Vocês aprendem **a** falar português. Estão **a** gostar? **Com** quem aprendem?

UNIDADE 13

Seite 155 — "Na lavandaria"

Cliente:	Boa tarde.
Empregada:	Boa tarde, o que deseja?
Cliente:	Queria mandar limpar esta roupa a seco: duas calças, duas blusas, um vestido e três casacos.
Empregada:	São: por calça 400$00, por blusa 300$00, por casaco 600$00 e o vestido 470$00.
Cliente:	Quando está pronto, por favor, e a que horas?
Empregada:	Amanhã, da parte da tarde/à tarde. O seu talão, por favor.

| Cliente: | Obrigado/-a, boa tarde. |
| Empregada: | Obrigada também, boa tarde. |

Seite 159

1) Ana vê o filme, Ana vê-**o**.
2) O Quim escreve a carta, o Quim escreve-**a.**
3) Eu faço o almoço, eu faço-**o.**
4) Tu compras o pão para o pequeno almoço, tu compra-**lo.**
5) Tu trazes os exercícios feitos? Tu traze-**los** feitos?
6) Nós compramos uma bicicleta, nós compramo-**la.**
7) Vocês vendem as casas muito caras, vocês vendem-**nas** muito caras.
8) Elas põem as flores em água, elas põem-**nas** em água.
9) Tina visita-**me** muitas vezes.
10) Eu dou-**te** outra oportunidade, a última.
11) Eu dou-**lhe** uma explicação.
12) Tu dás-**lhe** um bom conselho.
13) Ela compra-**nos** os bilhetes para o cinema.
14) Eu vejo-**vos** mais tarde.
15) Eu visito-**os** depois da aula de português.
16) Você cumprimenta-**as** com alegria.
17) Tu compra-**los**?
18) Eles comem-**nas.**
19) Não quero vê-**lo.**
20) Vou visitá-**la.**
21) Eles põem os chapéus, eles põem-**nos.**
22) E você? Você estuda os verbos? Você estuda-**os**?!

UNIDADE 14

Seite 163 "Na farmácia"

Você:	Bom dia, tenho aqui esta receita para aviar, faz favor.
Farmacêutico:	Bom dia, obrigado. Os comprimidos, se faz favor. A dose normal é dois, no máximo três comprimidos por dia. Pode tomá-los às refeições.
Você:	Sim, preciso também de comprimidos contra a diarreia, uma pasta de dentes e um sabonete para bébé.
Farmacêutico:	Desculpe, os comprimidos são para quem? A pessoa sente-se muito mal, fraca?
Você:	Não, sente-se "mais ou menos", não é grave. Posso pagar com cheque?
Farmacêutico:	Sim, claro. São 1200$00.
Você:	Faz favor.
Farmacêutico:	Obrigado, as melhoras.
Você:	Obrigado/-a, bom dia.
Farmacêutico:	Bom dia.

Seite 166 — I

1) Quando comemos demais ficamos com dor de **estômago**.

2) Quando comemos muitos chocolates podemos ficar com dor de **barriga.**
3) Quando apanhamos sol demais ficamos com dor de **cabeça.**
4) Quando está vento e apanhamos frio na cabeça podemos ficar com dor de **ouvidos** e de **garganta.**

Seite 167

5) Quando andamos demais ficamos com dores nas **pernas.**
6) Quando a nossa cama não é boa ficamos com dores nas **costas.**
7) E você, quando você estuda português você fica com dor de **cabeça?** Claro que não! Ou fica?

Seite 168 — II

1) Os médicos meus vizinhos são holandeses.
2) As viagens pela costa algarvia são lindas.
3) Guias turísticos são sempre úteis.
4) Os professores de italiano são de Roma.
5) Os meus alunos franceses são de Paris.
6) As minhas amigas vão para casa.
7) Os meus irmãos têm (umas) casas no Minho.
8) Os meus cães são pastores alemães.
9) Os nossos gatos são siameses.
10) As tuas garagens são longe das minhas.
11) As estações de Caminhos de Ferro são perto do centro.
12) Os aviões da TAP são novos.
13) As ilhas são grandes.
14) As minhas amigas alemãs são casadas com mexicanos.
15) Os jornalistas são gregos.

Seite 169

16) Os pães estão quentes.
17) Os meus colegas portugueses gostam de (uns) pastéis de nata depois do almoço.
18) Os ingleses são magros.
19) Os bávaros são morenos.
20) Gosto muito de bons livros.

UNIDADE 15

Seite 178 — I

1) Ontem **esteve** bom tempo.
2) Anteontem **fomos** ao circo.
3) Você **atendeu** o telefone?
4) Às vezes o José come muito, mas hoje não **comeu** nada.
5) O supermercado **abriu** às 8h.30m.
6) Eu já **tive** um carro preto.
7) O banco **fechou** cedo.
8) A porta **abriu-se.**
9) Quem **cantou** no coro da igreja?

16

10) Nós **encontrámos** as chaves no quarto.
11) Ela **foi** amiga do Paulo.
12) Você **estudou** português? Quando?
13) Ontem **fui** ao banco.
14) O filme **foi** interessante.
15) Eu **fui** professora do Rogério.
16) Você já **esteve** em Macau?
17) Eu **estive** em casa de manhã.
18) No fim de semana passado nós **tivémos** muito trabalho.
19) Ela **teve** sorte.
20) Eu nunca **tive** um papagaio.

Seite 179

Amar: presente — eu amo; tu amas; ele ama; nós amamos; vocês/eles amam.
presente — eu amo; tu amas; ele ama; nós amamos; vocês/eles amam.
perfeito — eu amei; tu amaste; ele amou; nós amámos; vocês/eles amaram.

Beber: presente — eu bebo; tu bebes; ele bebe; nós bebemos; vocês/eles bebem.
perfeito — eu bebi; tu bebeste; ele bebeu; nós bebemos; vocês/eles beberam.

Abrir: presente — eu abro; tu abres; ele abre; nós abrimos; vocês/eles abrem.
perfeito — eu abri; tu abriste; ele abriu; nós abrimos; vocês/eles abriram.

Seite 180

Ser/Ir: perfeito — eu fui; tu foste; ele foi; nós fomos; vocês/eles foram.
Estar: perfeito — eu estive; tu estiveste; ele esteve; nós estivemos; vocês/eles estiveram.
Ter: perfeito — eu tive; tu tiveste; ele teve; nós tivemos; vocês/eles tiveram.

Übersetzung: Ontem de manhã fui à cidade e encontrei uma velha amiga. Nós fomos boas amigas, mas desde que ela se foi embora de Munique telefono-lhe poucas vezes. Fomos a um café, tomámos café e comemos bolos. Falámos de muitas coisas e ficámos quase uma hora no café. Infelizmente não tivemos tempo de, juntas, passear pela cidade (fazer um passeio pela cidade). (Mas) vamos ver-nos (outra vez) em breve.

Seite 181

– **Dia 27:**
segunda-feira de manhã: às oito e meia telefonou para Portugal; das nove às doze esteve/trabalhou no escritório.
À/de tarde: às duas horas foi ao solário; das quatro às seis trabalhou no escritório.
– **Dia 28:**
terça-feira de manhã: às nove horas foi ao banco; à uma hora almoçou com o J.

À/de tarde: às três e meia foi ao dentista; às seis menos um quarto foi ao cinema.
- **Dia 29:**
quarta-feira de manhã: das oito às treze trabalhou no escritório.
À/de tarde: das duas às seis foi às compras. Às oito jantou (o jantar foi para quatro pessoas).
- **Dia 30:**
quinta-feira de manhã: das nove às dez jogou ténis; às dez e meia foi à sauna. À/de tarde: às duas horas telefonou para o Consulado; às cinco horas visitou M. no hospital.
- **Dia 31:**
sexta-feira de manhã: às dez e meia escreveu à Embaixada; ao meio dia telefonou a J.
À/de tarde: teve livre. À noite, às 20h.30m. foi ao teatro.
- **Dia 1:**
sábado de manhã: às onze horas visitou os seus sogros (levou flores). A tarde foi livre.
- **Dia 2:**
domingo: à uma hora lavou o carro e encheu o depósito. A tarde foi livre. Telefonou à Caixa S.; telefonou ao Ministério; telefonou às Finanças.

UNIDADE 16

Seite 186 — I

1) Acho que não vai chover.
3) Não sei se hoje vou ao cinema.
4) Tenho muita pena, mas hoje não posso ir jantar fora.
5) Não compreendo porque não queres ir almoçar fora.
6) Você entende esta matéria?
7) Percebe o que eu digo?

Seite 187

8) Esqueci-me de estudar os verbos.
9) Um momento, não estou com pressa, quer repetir, por favor?
10) Vá, vamos lá tomar café.
11) Depende do tempo, mas acho que vou ao jardim da cerveja.
12) Não estou com vontade de ir embora.
13) Não me apetece nada arrumar a casa.
14) Não faz mal! Não há problemas, você vai no meu carro.
15) Você prefere ir a pé três quilometros, com chuva?! Que disparate!
16) Eu não vou a pé. Nem pensar!
17) Que horror! Não gosto nada desta comida.
18) Você já tem férias?! Que maravilha!
19) Óptimo! Vamos fazer um passeio.
20) Este petisco soube-me às mil maravilhas, foi óptimo.
21) Não sei qual é o horário do autocarro. Quem sabe?
22) Desculpe, só uma informação, por favor.
23) Desculpe, eu não sou daqui, onde é o correio, por favor?
24) Eu só queria saber se você também vai à praia hoje.

25) Só queria perguntar se você comprou bilhetes para nós.
26) Já chega! Não quero mais batatas.
27) Estou farto/-a de trabalhar (por hoje).
28) Embora! Desapareça daqui imediatamente.
29) Pode repetir com mais clareza, por favor?
30) Outra vez, e mais devagar, sim?

UNIDADE 17

Seite 195 — II

1) Quando fui a Portugal pela primeira vez gostei muito das pessoas/do clima/da comida, etc. **ou:** não gostei de . . .
2) Ontem vi um filme de terror e à noite não dormi.
3) O meu primeiro professor de português foi um professor muito simpático/jovem, etc.
4) No meu primeiro encontro . . . já não sei como foi.
5) O meu primeiro carro foi um carro pequenino, vermelho, e muito velho.
6) Quando fui ao Brasil pela primeira vez tomei comprimidos contra doenças tropicais.
7) O meu primeiro livro de português foi um livro azul e branco.

Seite 196 "Na Polícia"

Você:	Boa tarde.
Polícia:	Boa tarde, por favor.
Você:	Queria participar o desaparecimento da minha carteira.
Polícia:	Onde e quando? Acha que a carteira foi roubada?
Você:	Não, acho que a perdi, ou esqueci, na piscina municipal, hoje de manhã.
Polícia:	Tem de ir à Secção de Perdidos e Achados, no quinto andar, sala Nº 504. Faz favor, tem de peencher este impresso.
Você:	Oh, está tudo escrito em português, posso pedir-lhe ajuda?
Polícia:	Com todo o gosto. Em cima tem de escrever o seu nome, apelido, a sua nacionalidade e a data e o local de nascimento. Em baixo você escreve a sua morada em Portugal (hotel, casa de amigos, etc.) e o que faz em Portugal (turismo, razões profissionais, etc.)
Você:	Já está. Tenho de escrever mais alguma coisa?
Polícia:	Só a data de entrada em Portugal (ou na fronteira, claro).
Você:	Sim, e aqui tenho de assinar, é tudo. Muito obrigado/-a.
Polícia:	De nada, boa sorte.

Seite 197 — III

1) Desculpe!
2) Eu sei que sou o culpado/a culpada.
3) O problema foi que eu não vi o seu carro.
4) E, claro, como não conheço a cidade . . .
5) Aqui estão os meus documentos. Acho que não precisamos de chamar a Polícia. Como o acidente não foi grave, e eu tenho seguro, você não vai

ter problemas. Posso convidá-lo/la para tomar um refrigerante? E não falamos mais no acidente, de acordo?

Seite 200 — IV

1) Quando veio da Alemanha?
2) Tenho de dizer ao recepcionista que esperamos aqui pelo telefonema.
3) Tenho de pôr o carro dele na garagem.
4) Alguém trouxe flores?
5) Você já viu um filme português?
6) Vocês já viram o novo chefe?
7) Onde é que eles puseram o dinheiro?

UNIDADE 18

Seite 206 "Na alfândega"

Funcionário:	Tem alguma coisa a declarar?
Você:	Tenho duas garrafas de vinho, uma de aguardente e um licor de amêndoa.
Funcionário:	Pode abrir a sua carteira e o saco, por favor? Não tem cigarros?
Você:	Não, eu não fumo. Faz favor.
Funcionário:	O que tem no saco de plástico?
Você:	Sim, um minutinho . . . São bolos. Faz favor.
Funcionário:	Obrigado, faz favor de seguir. É a vez do próximo passageiro. Boa noite e boa viagem.
Você:	Obrigado/-a, boa noite.

Seite 209

1) Ontem não **pude** vir porque cheguei tarde a casa.
2) Você **pôde** nadar na piscina do hotel?
3) Descuple, o que **disse**?
4) Eles **disseram** que vai chover.
5) Nós **viemos** de autocarro até aqui.
6) Vocês **vieram** de táxi?
7) Nós **vimos** o príncipe na televisão.
8) E você? Você **viu** o príncipe?
9) Tu **trouxeste** os livros?
10) Vocês **trouxeram** a gramática?
11) Não foste ao teatro? Não **pudeste** comprar os bilhetes?
12) O que **houve** ontem à noite para o jantar?
13) Eu não **soube** o nome dele.
14) Elas não **viram** o caminho e perderam-se.
15) Você **pôde** assistir à conferência?
16) Ele não **pôde** vir porque esteve doente.
17) Quem **fez** a salada de fruta? Está óptima.
18) Eu não **fiz** barulho quando cheguei.
19) Você **fez** o trabalho de casa?
20) **Houve** problemas com os exercícios? Claro que não.

UNIDADE 19

Seite 212

1) certo
2) certo
3) errado
4) errado
5) certo
6) certo
7) errado
8) errado

Seite 213 — I

Desportiva; séria; trabalhadora; inteligente; sossegada; paciente; aventureira; uma grande amiga.
Desportivas; sérias; trabalhadoras; inteligentes; sossegadas; pacientes; aventureiras; grandes amigas.

Seite 220 — II

1) O gato é **menor do que** o cão.
2) Estes bolos são **os melhores.**
3) Estas cerejas são **as piores.**
4) Munique é **maior do que** Nuremberga.
5) Nuremberga é **menor do que** Munique.
6) Munique é uma cidade **mais** bonita **do que** Lindau (**tão** bonita **como** . . .)
7) Os golfinhos são animais **muito inteligentes/inteligentíssimos.**
8) As raposas são **muito espertas.**
9) Gosto **mais/menos** de legumes **do que** de carne/**tanto** . . . **como** . . .
10) O clima de Manaus é **muito húmido.**
11) Eu tenho trinta anos. O meu irmão tem quarenta. A minha irmã tem quarenta e três. Então, eu sou **a mais nova.** A minha irmã é **a mais velha.**

UNIDADE 20

Seite 227 Inquérito:

Desde Janeiro/Fevereiro, etc.
Às vezes/sempre/muitas vezes.
Vou ficar . . . meses/anos.
Sim: sou casado/-a; não . . .
Vou, em média . . . vezes por ano.
Sim, em Setúbal, há cinco meses/não.
Não/Sim . . .
Quero pagar até 50.000$00 por mês.
Não/Sim, já tenho alguma.

Seite 232 — I

1) **Desde** quando moras em Portugal?

2) Estudo espanhol **desde** Março.
3) **Há** anos que não visito a minha amiga holandesa.
4) **Há** quanto tempo não vais ao Brasil?
5) **Muitas vezes** vou ao cinema, mas **raras vezes** vejo um bom filme.
6) Você vai **muitas/poucas vezes** ao teatro?
7) Eu só fui duas vezes ao Brasil mas fui **muitas vezes** a Portugal.
8) Vocês já foram **muitas vezes** a Lagos? Não? Eu fui **muitas/raras vezes.**
9) O António está doente **desde** ontem.
10) Ela morou em Portugal **há** muitos anos, mas estuda português **desde** 1987.

Seite 233 — II

1) Quais? Aqueles/Esses.
2) Quais? Estes.
3) Qual? Este.
4) Qual? Aquela/Essa.
5) Quais? Estas.
6) Qual? Esta.
7) Quais? Aquelas/Essas.

Grammatikübersicht

1. Der bestimmte Artikel — o artigo definido

	Singular	**Plural**
Maskulinum:	o médico, o professor	os médicos, os professores
Femininum:	a alemã, a brasileira	as alemãs, as brasileiras

Der Gebrauch des bestimmten Artikels:

Der bestimmte Artikel wird im Portugiesischen verwendet:
- vor den Possessivpronomen: **o** meu cão, **a** minha casa
- bei Wochentagen: **No** domingo vamos ao teatro
- bei Jahreszeiten: **No** Inverno vou ao Algarve
- bei Festzeiten: **o** Natal, **a** Páscoa
- bei Namen von Ländern: **o** Brasil, **a** Alemanha (Ausnahme: Portugal)
- bei Eigennamen, o senhor, a senhora, Dona: **a** Maria, **o** Sr. Pinto, **a** D. Ana

1.1 em + bestimmter Artikel

em + o = no
Ele trabalha **no** hospital
em + a = na
Ela trabalha **na** loja

em + os = nos
Eles trabalham **nos** hospitais
em + as = nas
Elas trabalham **nas** lojas

1.2 de + bestimmter Artikel

de + o = do
o carro **do** João
de + a = da
a casa **da** Ana

de + os = dos
os livros **dos** alunos
de + as = das
os livros **das** alunas

1.3 a + bestimmter Artikel

a + o = ao
Ele vai **ao** Brasil
a + a = à
eles vão **à** praia

a + os = aos
ele dá dinheiro **aos** filhos
a + as = às
ela dá bolos **às** crianças

1.4 por + bestimmter Artikel

por + o = pelo
eu vou **pelo** jardim
(ich gehe durch den Garten)
por + a = pela
ela vai **pela** cidade

por + os = pelos
ela passa **pelos** turistas
(sie geht an den Touristen vorbei)
por + as = pelas
ele passou **pelas** colegas

2. Der unbestimmte Artikel — o artigo indefinido

	Singular	Plural
Maskulinum	**um** homem	**uns** homens (einige Männer)
Femininum	**uma** mulher	**umas** mulheres (einige Frauen)

2.1 em + unbestimmter Artikel

em + um = num
ele mora **num** bairro
em + uma = numa
ele mora **numa** quinta

em + uns = nuns
eles vão **nuns** carros bonitos
em + umas = numas
elas voltam **numas** semanas

2.2 de + unbestimmter Artikel

de + um = dum
o carro é **dum** empregado
de + uma = duma
o livro é **duma** aluna de
português

de + uns = duns
os livros são **duns** alunos meus
de + umas = dumas
as bicicletas são **dumas** amigas minhas

3. Das Substantiv — o substantivo

Maskulinum
o **livro**, o **jornal**, o **anel**,
um **homem**, o **professor**,
o **alemão**, o **mês**

Femininum
a **casa**, a **lição**, a **mulher**,
a **professora**, a **mão**, a **alemã**,
a **voz**

3.1 Pluralbildung:

os livros, os jornais, os an**éis**,
uns homens, os professores,
os alem**ães**, os meses

as casas, as li**ções**, as mulheres,
as professoras, as mãos,
as alem**ãs**, as vo**zes**

4. Das Adjektiv — o adjectivo

Maskulinum
o carro **bonito**

Femininum
a casa **bonita**

Das Adjektiv wird selten vor das Substantiv gestellt, es sei denn, man möchte etwas betonen (im übertragenen Sinn): ela é uma **grande** mulher — sie ist (als Mensch) eine große Frau.

4.1 Pluralbildung: Siehe 3.1

os carros bonitos

as casas bonitas

4.2 Steigerung des Ajdektivs — os graus dos adjectivos

- Komparativ:

Ana é **mais** alta **do que** Lina
Lina é **menos** alta **do que** Ana
Ana é **tão** alta **como** Maria

- Superlativ:

Ana é **a mais** alta da classe
Lina é **a menos** alta da classe

- Absoluter Superlativ:

Ana é **muito** bela
Lina é bel**íssima**

- Unregelmäßigkeiten:

Positiv	Komparativ	Superlativ	absoluter Superlativ
bom, boa	melhor	o, a melhor	óptimo, -a
mau, má	pior	o, a pior	péssimo, -a
grande	maior	o, a maior	máximo, -a
pequeno, -a	menor	o, a menor	mínimo, -a

5. Possessivpronomen — pronomes possessivos

- Singular, Maskulinum

o meu irmão	mein Bruder
o teu irmão	dein Bruder
o seu irmão	sein, ihr Bruder
o nosso irmão	unser Bruder
o vosso irmão	euer Bruder
o seu irmão	ihr, Ihr Bruder

- Singular, Femininum

a minha irmã	meine Schwester
a tua irmã	deine Schwester
a sua irmã	seine, ihre Schwester
a nossa irmã	unsere Schwester
a vossa irmã	eure Schwester
a sua irmã	ihre, Ihre Schwester

- Plural, Maskulinum

os meus irmãos	meine Brüder
os teus irmãos	deine Brüder
os seus irmãos	seine, ihre Brüder
os nossos irmãos	unsere Brüder
os vossos irmãos	eure Brüder
os seus irmãos	ihr, Ihre Brüder

- Plural, Femininum

as minhas irmãs	meine Schwestern
as tuas irmãs	deine Schwestern
as suas irmãs	seine, ihre Schwestern
as nossas irmãs	unsere Schwestern

as vossas irmãs   eure Schwestern
as suas irmãs   ihre, Ihre Schwestern

- Bemerkungen:

o irmão **do João** = o seu irmão = o irmão **dele**
o irmão **da Ana** = o seu irmão = o irmão **dela**
a irmã **do João** = a sua irmã = a irmã **dele**
a irmã **da Ana** = a sua irmã = a irmã **dela**
o **João** e a **Ana** têm muitos amigos = os amigos **deles**
a **Ana** e a **Maria** têm muitos amigos = os amigos **delas**

6. Die Personalpronomen — os pronomes pessoais

Nominativ (Subjekt)	**Akkusativ** (direktes Objekt)	**Dativ** (indir. Objekt)
eu	me	me
tu	te	te
ele	o	lhe
ela	a	lhe
nós	nos	nos
vocês	vos	vos
eles	os	lhes
elas	as	lhes

ele recebeu-**me**   er hat mich empfangen
ele recebeu-**te**   er hat dich empfangen
eu recebi-**o**   ich habe ihn empfangen
eu recebi-**a**   ich habe sie empfangen
ele recebeu-**nos**   er hat uns empfangen
ele recebeu-**vos**   er hat euch empfangen
ele recebeu-**os**   er hat sie (Mask.) empfangen
ele recebeu-**as**   er hat sie (Fem.) empfangen

7. Unbestimmte Pronomen — pronomes indefinidos

7.1 Unveränderliche Formen

alguém — jemand
ninguém — niemand
tudo — alles
nada — nichts
cada — jede, -r, -s
alguma coisa — etwas

7.2 Veränderliche Formen

Maskulinum/Femininum; Singular/Plural
algum, alguns/alguma, -s — irgendein, -e
nenhum, nenhuns/nenhuma, -s — keine, -r, -s
outro, -s/outra, -s — andere, -r, -s
todo, -s/toda, -s — ganz, alle

pouco, -s/pouca, -s — wenig, -e
muito, -s/muita, -s — viel, -e

8. Interrogativpronomen — pronomes interrogativos

que? — was
o quê? — was
quem? — wer, wen, wem

qual? quais? — welche, -r, -s

quanto, -s/quanta, -s — wieviel, -e

Que se passa? — Was ist los?
O que é isto? — Was ist das?
Quem tem troco? — Wer hat Kleingeld
(Wechselgeld)?
Qual é o seu carro? — Welches Auto
ist Ihres?
Quanto custa o livro? — Wieviel kostet
das Buch?

Demonstrativpronomen — pronomes demonstrativos

9.1 Unveränderliche Formen

isto é um livro
isso é um livro
aquilo é uma folha

das (hier) ist ein Buch
das (da) ist ein Buch
das (dort) ist ein Blatt

9.2 Veränderliche Formen

	Maskulinum	**Femininum**
Singular	este/esse/aquele	esta/essa/aquela
Plural	estes/esses/aqueles	estas/essas/aquelas

este é o meu livro, **esse** é o teu e **aquele** é o seu — dieses hier ist mein
Buch, dieses da ist deins und jenes ist Ihres.

10. Reflexivpronomen — pronomes reflexivos

sentir-**se** — sich fühlen
eu sinto-**me** bem
tu sentes-**te** bem
ele sente-**se** bem (ela/você sente-se)
nós sentimo-**nos** bem
vocês sentem-**se** bem
eles/elas sentem-**se** bem

11. que als Relativpronomen und Konjunktion

- Als **Relativpronomen** bezieht sich **que** auf Hauptwörter und bleibt
  immer unverändert: esta é a senhora **que** chegou agora — das ist die
  Dame, die jetzt angekommen ist. **Bemerkung:** Im Nebensatz wird im
  Portugiesischen das Verb nie nachgestellt.
- Als **Konjunktion** heißt es **daß:** eles trabalharam tanto **que** ficaram
  doentes — sie haben so viel gearbeitet, daß sie krank wurden.

12. Verwendung der Präpositionen a und de

12.1 a

- Ziel, Richtung: vou **ao** Japão (nach); **à** esquerda — links
- Zeitinformationen: **à** tarde (nachmittags), **aos** domingos (sonntags)
- Dativ: ele dá flores **à** esposa (er gibt der Frau Blumen)

12.2 de

- Genitiv: o carro **do** José (Josefs Auto)
- Herkunftsort: sou **da** Alemanha (ich bin aus Deutschland)
- Bestimmung: vinho **do** Porto (Portwein)
- Verkehrsmittel: vou **de** carro (ich fahre mit dem Auto)
- Maß: 1/2 litro **de** água, uma caneca **de** cerveja (1/2 l Wasser, eine Maß Bier)

Bemerkung: Die im Deutschen zusammengesetzten Hauptwörter werden im Portugiesischen mittels **de** verbunden: a aula **de** português — die Portugiesischstunde.

13. Verkleinerungsform

- Die Verkleinerungsform wird durch Anhängen von **-inho, -inha, -ito, -ita** gebildet: casa, cas**inha**, cas**ita**; pequena, pequen**ina**, pequen**ita**.
- Wenn das Wort mit einem Nasallaut oder zwei Vokalen endet, fügt man das Suffix **-zinho, -zinha** hinzu: bem, ben**zinho**; pão, pão**zinho**; boa, boa**zinha**.

Bemerkung: Die Verkleinerungsform ist typisch für die portugiesische Sprache und wird sowohl bei Substantiven als auch bei Adjektiven und Adverbien verwendet. Diese Form hat nicht unbedingt Verkleinerungscharakter, sie kann als Koseform verwendet werden oder, nach Gefühl, als Verstärkung des Wortes: o meu **filhinho** — mein Sohn, liebevoll ausgedrückt; **cedinho** — ganz schön früh.

14. Konjugation der Verben

14.1 Regelmäßige Verben

*-ar

Infinitiv	Präsens	Perfekt
calçar (anziehen)	eu calço	eu calcei
	tu calças	tu calçaste
	ele/ela/você calça	ele/ela/você calçou
	nós calçamos	nós calçámos
	vocês calçam	vocês calçaram
	eles/elas calçam	eles/elas calçaram

Infinitiv	Präsens	Perfekt
chamar-se (heißen)	eu chamo-me	eu chamei-me
	tu chamas-te	tu chamaste-te
	ele/ela/você chama-se	ele/ela/você chamou-se
	nós chamamo-nos	nós chamámo-nos
	vocês/eles/elas chamam-se	vocês/eles/elas chamaram-se
dar (geben)	eu dou	eu dei
	tu dás	tu deste
	ele/ela/você dá	ele/ela/você deu
	nós damos	nós demos
	vocês/eles/elas dão	vocês/eles/elas deram
descalçar (ausziehen)	eu descalço	eu descalcei
	tu descalças	tu descalçaste
	ele/ela/você descalça	ele/ela/você descalçou
	nós descalçamos	nós descalçámos
	vocês/eles/elas descalçam	vocês/eles/elas descalçaram
falar (sprechen)	eu falo	eu falei
	tu falas	tu falaste
	ele/ela/você fala	ele/ela/você falou
	nós falamos	nós falámos
	vocês/eles/elas falam	vocês/eles/elas falaram
gostar de* (mögen)	eu gosto	eu gostei
	tu gostas	tu gostaste
	ele/ela/você gosta	ele/ela/você gostou
	nós gostamos	nós gostámos
	vocês/eles/elas gostam	vocês/eles/elas gostaram
morar (wohnen)	eu moro	eu morei
	tu moras	tu moraste
	ele/ela/você mora	ele/ela/você morou
	nós moramos	nós morámos
	vocês/eles/elas moram	vocês/eles/elas moraram
precisar de* (brauchen)	eu preciso	eu precisei
	tu precisas	tu precisaste
	ele/ela/você precisa	ele/ela/você precisou
	nós precisamos	nós precisámos
	vocês/eles/elas precisam	vocês/eles/elas precisaram
tirar (wegnehmen, abnehmen)	eu tiro	eu tirei
	tu tiras	tu tiraste
	ele/ela/você tira	ele/ela/você tirou
	nós tiramos	nós tirámos
	vocês/eles/elas tiram	vocês/eles/elas tiraram
trabalhar (arbeiten)	eu trabalho	eu trabalhei
	tu trabalhas	tu trabalhaste
	ele/ela/você trabalha	ele/ela/você trabalhou
	nós trabalhamos	nós trabalhámos
	vocês/eles/elas trabalham	vocês/eles/elas trabalharam

---

* gostar und precisar: diese Verben treten immer mit der Präposition de auf.

Infinitiv *-er	Präsens	Perfekt
agraceder (danken)	eu agradeço	eu agradeci
	tu agradec**es**	tu agradec**este**
	ele/ela/você agradece	ele/ela/você agradeceu
	nós agradec**emos**	nós agradec**emos**
	vocês/eles/elas agradec**em**	vocês/eles/elas agradec**eram**
beber (trinken)	eu bebo	eu bebi
	tu bebes	tu bebeste
	ele/ela/você bebe	ele/ela/você bebeu
	nós bebemos	nós bebemos
	vocês/eles/elas bebem	vocês/eles/elas beberam
comer (essen)	eu como	eu comi
	tu comes	tu comeste
	ele/ela/você come	ele/ela/você comeu
	nós comemos	nós comemos
	vocês/eles/elas comem	vocês/eles/elas comeram
conhecer (kennen)	eu conheço	eu conheci
	tu conheces	tu conheceste
	ele/ela/você conhece	ele/ela/você conheceu
	nós conhecemos	nós conhecemos
	vocês/eles/elas conhecem	vocês/eles/elas conheceram
escrever (schreiben)	eu escrevo	eu escrevi
	tu escreves	tu escreveste
	ele/ela/você escreve	ele/ela/você escreveu
	nós escrevemos	nós escrevemos
	vocês/eles/elas escrevem	vocês/eles/elas escreveram
responder (antworten)	eu respondo	eu respondi
	tu respondes	tu respondeste
	ele/ela/você responde	ele/ela/você respondeu
	nós respondemos	nós respondemos
	vocês/eles/elas respondem	vocês/eles/elas responderam

*-ir

Infinitiv	Präsens	Perfekt
despedir-se (sich verabschieden)	eu despeço-me	eu despedi-me
	tu despedes-te	tu despediste-te
	ele/ela/você despede-se	ele/ela/você despediu-se
	nós despedimo-nos	nós despedimo-nos
	vocês/eles/elas desped**em**-se	vocês/eles/elas despediram-s
despir (ausziehen)	eu dispo	eu despi
	tu despes	tu despiste
	ele/ela/você despe	ele/ela/você despiu
	nós desp**imos**	nós desp**imos**
	vocês/eles/elas despem	vocês/eles/elas despiram
partir (wegfahren/ -gehen)	eu parto	eu parti
	tu partes	tu partiste
	ele/ela/você parte	ele/ela/você partiu
	nós partimos	nós partimos
	vocês/eles/elas partem	vocês/eles/elas partiram

Infinitiv	Präsens	Perfekt
preferir (vorziehen)	eu prefiro	eu preferi
	tu preferes	tu preferiste
	ele/ela/você prefere	ele/ela/você preferiu
	nós preferimos	nós preferimos
	vocês/eles/elas preferem	vocês/eles/elas preferiram
vestir (anziehen)	eu visto	eu vesti
	tu vestes	tu vestiste
	ele/ela/você veste	ele/ela/você vestiu
	nós vestimos	nós vestimos
	vocês/eles/elas vestem	vocês/eles/elas vestiram

Besonderheiten: Bei Verben mit der Endung **-ir**, die **e** als Stammvokal haben, wird das **e** zu **i** (in der 1. Person Singular): prefiro, visto, dispo, etc.

14.2 Unregelmäßige Verben

Infinitiv	Präsens	Perfekt
estar (sein)	eu estou	eu estive
	tu estás	tu estiveste
	ele/ela/você está	ele/ela/você esteve
	nós estamos	nós estivemos
	vocês/eles/elas estão	vocês/eles/elas estiveram

- Gebräuchliche Ausdrücke mit estar:

estar sentado, -a, -s	er/sie sitzt/sitzen
deitado, -a, -s	er/sie liegt/liegen
com frio	jemandem kalt sein
calor	jemandem warm sein
fome	hungrig sein/Hunger haben
sede	durstig sein/Durst haben
febre	Fieber haben
dor de cabeça	Kopfschmerzen haben
dentes	Zahnschmerzen haben
etc.	

- estar + a + Infinitiv = estar + Gerundium:

ele **está a comer** = ele **está comendo** (er ist gerade beim Essen)
ela **está a trabalhar** em Munique = ela **está trabalhando** em Munique
(sie arbeitet gerade/zur Zeit in München)

ir (gehen, fahren,	eu vou	eu fui
fliegen)	tu vais	tu foste
	ele/ela/você vai	ele/ela/você foi
	nós vamos	nós fomos
	vocês/eles/elas vão	vocês/eles/elas foram

ir + Infinitiv = "nahe Zukunft" — futuro próximo

- Ana **vai chegar** amanhã — Ana wird morgen ankommen
- para a semana **vou fazer** férias — nächste Woche werde ich Urlaub machen.

Infinitiv	Präsens	Perfekt
haver (geben)	há (es gibt)	houve (es hat gegeben)
dizer (sagen)	eu digo	eu disse
	tu dizes	tu disseste
	ele/ela/você diz	ele/ela/você disse
	nós dizemos	nós dissemos
	vocês/eles/elas dizem	vocês/eles/elas disseram
fazer (machen, tun)	eu faço	eu fiz
	tu fazes	tu fizeste
	ele/ela/você faz	ele/ela/você fez
	nos fazemos	nós fizemos
	vocês/eles/elas fazem	vocês/eles/elas fizeram
poder (dürfen, können)	eu posso	eu pude
	tu podes	tu pudeste
	ele/ela/você pode	ele/ela/você pôde
	nós podemos	nós pudemos
	vocês/eles/elas podem	vocês/eles/elas puderam
pedir (bitten)	eu peço	eu pedi
	tu pedes	tu pediste
	ele/ela/você pede	ele/ela/você pediu
	nos pedimos	nós pedimos
	vocês/eles/elas pedem	vocês/eles/elas pediram
pôr (stellen, setzen, legen, auch aufsetzen)	eu ponho	eu pus
	tu pões	tu puseste
	ele/ela/você põe	ele/ela/você pôs
	nós pomos	nós pusemos
	vocês/eles/elas põem	vocês/eles/elas puseram
saber (wissen)	eu sei	eu soube
	tu sabes	tu soubeste
	ele/ela/você sabe	ele/ela/você soube
	nós sabemos	nós soubemos
	vocês/eles/elas sabem	vocês/eles/elas souberam
ser (sein)	eu sou	eu fui
	tu és	tu foste
	ele/ela/você é	ele/ela/você foi
	nós somos	nós fomos
	vocês/eles/elas são	vocês/eles/elas foram
ter; ter de (haben; müssen)	eu tenho	eu tive
	tu tens	tu tiveste
	ele/ela/você tem	ele/ela/você teve
	nós temos	nós tivemos
	vocês/eles/elas têm	vocês/eles/elas tiveram
trazer (mitbringen, auch tragen)	eu trago	eu trouxe
	tu trazes	tu trouxeste
	ele/ela/você traz	ele/ela/você trouxe
	nós trazemos	nós trouxemos
	vocês/eles/elas trazem	vocês/eles/elas trouxeram
ver (sehen)	eu vejo	eu vi
	tu vês	tu viste
	ele/ela/você vê	ele/ela/você viu
	nós vemos	nós vimos
	vocês/eles/elas vêem	vocês/eles/elas viram

Infinitiv	Präsens	Perfekt
vir (kommen, herkommen)	eu venho	eu vim
	tu vens	tu vieste
	ele/ela/você vem	ele/ela/você veio
	nós vimos	nós viemos
	vocês/eles/elas vêm	vocês/eles/elas vieram

Bemerkung: pedir ajuda **a** . . . : ele pede ajuda ao irmão.

14.3 Unregelmäßige Partizipien

abrir	aberto	geöffnet
dizer	dito	gesagt
escrever	escrito	geschrieben
fazer	feito	gemacht
ganhar	ganho	verdient
gastar	gasto	ausgegeben
pagar	pago	bezahlt
pôr	posto	gestellt
ver	visto	gesehen
vir	vindo	gekommen

15. Zahlen

15.1 Kardinalzahlen

0 – zero
1 – um
2 – dois
3 – três
4 – quatro
5 – cinco
6 – seis
7 – sete
8 – oito
9 – nove
10 – dez
11 – onze
12 – doze
13 – treze
14 – catorze
15 – quinze
16 – dezasseis
17 – dezassete
18 – dezoito
19 – dezanove
20 – vinte
21 – vinte e um
22 – vinte e dois
23 – vinte e três

24 – vinte e quatro
25 – vinte e cinco
30 – trinta
31 – trinta e um
40 – quarenta
50 – cinquenta
60 – sessenta
70 – setenta
80 – oitenta
90 – noventa
100 – cem
101 – cento e um
200 – duzentos
300 – trezentos
400 – quatrocentos
500 – quinhentos
600 – seiscentos
700 – setecentos
800 – oitocentos
900 – novecentos
1000 – mil

15.2 Ordnungszahlen

1. primeiro
2. segundo
3. terceiro
4. quarto
5. quinto
6. sexto
7. sétimo
8. oitavo
9. nono
10. décimo
11. décimo primeiro
12. décimo segundo

Wörterverzeichnis Portugiesisch-Deutsch (alphabetisch geordnet)

A

a 1 – die (best. Artikel, Fem., Sing.)
o abraço 15 – Umarmung, a. Grüße
abrir 6 – aufmachen, öffnen
acabar 5 – (be)enden, aufhören
aceitar 7 – nehmen, akzeptieren, annehmen
acender 10 – einschalten
acertar o passo 20 – den Takt finden
achar 3 – finden
a acompanhar 7 – als Beilage
acordar 6 – aufwachen, aufwecken
o açúcar 4 – Zucker
a adega 4 – Weinkeller, a. typ. Restaurant
adeus 2 – auf Wiedersehen
o advogado 1 – Rechtsanwalt
o aeroporto 7 – Flughafen
a agência de viagens 1 – Reisebüro
agora 3 – jetzt
agradecer 7 – sich bedanken
a água mineral (com/sem gás) 4 – Mineralwasser (mit/ohne Kohlensäure)
ainda 6 – noch
a ajuda 5 – Hilfe
a alegria 20 – Freude
a alemã/alemã 1 – Deutsche, deutsch (Fem., Sing.)
a Alemanha 1 – Deutschland
as alemãs/alemãs 1 – Deutsche, deutsche (Fem., Pl.)
os alemães/alemães 1 – Deutsche, deutsch (Masc., Pl.)
o alemão/alemão 1 – Deutscher, deutsch (Masc., Sing.)
o Alentejo 15 – Gebiet im Süden Portugals
a alfândega 18 – Zoll
algarvia 14 – von der Algarve
o algodão 8 – Baumwolle, a. Watte
alguém 9 – jemand
alguma 9 – irgendeine
ali 3 – dort
o almoço 4 – Mittagessen
alto 5, 14 – hoch, laut, a. groß
alugam-se 6 – zu vermieten, man vermietet
alugar 6 – vermieten
amanhã 2 – morgen
amar 15 – lieben
amarelo 8 – gelb
amáveis 15 – freundlich (Pl. von amável)

ambos 19 – beide
a amêndoa 4 – Mandel
o americano/americano 2 – Amerikaner, amerikanisch
o amigo 1 – Freund
a amizade 14 – Freundschaft
a anca 20 – Hüfte
o andar 17 – Stockwerk
andar 6 – laufen, gehen
o animal 9 – Tier
o ano 9 – Jahr
o aniversário 16 – Geburtstag
antes 7, 10 – vorher, vor
o anúncio 20 – Annonce
apagar 10 – ausschalten
apanhar 14 – kriegen, bekommen, abbekommen, einholen
aprender 16 – lernen
aquela 12 – jene
aquele 20 – jener
aqui 3 – hier
o ar 5 – Luft
o árabe/árabe 15 – Araber/arabisch
o arco-íris 8 – Regenbogen
a areia 6 – Sand
os arredores 7 – Umgebung, a. Vorort
o arroz 4 – Reis
arrumar 10 – aufräumen
o artigo 1 – Artikel
o artigo indefinido 1 – unbestimmter Artikel
o artista 1 – Artist, Künstler
a árvore 2 – Baum
às ordens 7 – zu Befehl
assim 7 – so
é assim mesmo 11 – es ist genau so
assinar 17 – unterschreiben
assistir 18 – hören, sehen, besuchen
as assoalhadas 20 – Wohnräume, Zimmer
até 2, 8 – bis, sogar
até à próxima 2 – bis zum nächsten Mal
até logo 2 – bis später
até que enfim 8 – endlich
atenção 5 – Achtung
atenciosamente 15 – hochachtungsvoll
atender o telefone 11 – ans Telefon gehen
atrás de 3 – hinter
o atraso 19 – Verspätung
a aula 11 – Unterrichtsstunde
a austríaca/austríaca 1 – Österreicherin/österreichisch (Fem., Sing.)
o austríaco/austríaco 1 – Österreicher/österreichisch (Masc., Sing.)
o autocarro 3 – Bus
o autor 18 – Autor
avançar 16 – vorwärts gehen/sich bewegen/kommen

aventureiro 19 — abenteuerlustig
aviar (uma receita) 14 — ein Rezept einlösen
a avó 10 — Großmutter
o avô 10 — Großvater
o azeite 4 — Olivenöl
azul 8 — blau

B

o bacalhau 4 — Stockfisch
o bailar/bailar 20 — Tanz/tanzen
o bairro 8 — Wohnviertel, Stadtviertel
baixar 20 — senken
por baixo 11 — unter
o banco 1 — Bank
o banho 5 — Bad
barato 8 — billig
a barriga 14 — Bauch
o barulho 5 — Lärm, Krach
a batata 4 — Kartoffel
o bávaro/bávaro 1 — Bayer/bayerisch
beber 4 — trinken
bebe-se 4 — man trinkt
a bebida 7 — Getränk
o beijinho 15 — Küßchen
bem 2 — gut (Adverb)
bem como 5 — sowie
a bexiga 14 — Blase
a bica 4 — kl., starker Kaffee (port.)
a bicicleta 3 — Fahrrad
o bife 4 — Schnitzel, Steak
o bilhete 10 — Fahrkarte, a. Eintrittskarte
a bilheteira 17 — Schalter/Fahrkartenschalter
a blusa 8 — Bluse
boa 2 — gut (Adj., Fem., Sing.)
Boas Festas 16 — schöne Feiertage
a boca 14 — Mund
a bola 9 — Ball
o bolo 4 — Kuchen
bom 2, 4 — gut (Adj., Masc. Sing.), a. also
bom apetite/bom proveito 16 — guten Appetit
a bombazina 8 — Cord
os Bombeiros Voluntários 3 — Freiwillige Feuerwehr
o bonde 3 — Straßenbahn (bras.)
o boné 8 — Mütze
a boneca 20 — Puppe
a bota 8 — Stiefel
o braço 14 — Arm
branco 4 — weiß
o brasileiro/brasileiro 1 — Brasilianer/brasilianisch

bravo 5 — wild, a. unruhig (z.B. Meer)
brincar 5 — spielen (mit Kindern, Tieren)
brindar 16 — toasten

C

a cabeça 14 — Kopf
o cabedal 8 — Leder
o cabeleireiro 12 — Friseur
a cabina 8 — Kabine
a cabina telefónica 5 — Telefonzelle
a cachaça 4 — Schnaps (bras.)
o café 4 — Kaffee, Café
a caipirinha 19 — bras. Drink aus Zuckerrohrschnaps, Limonen, Eis und Zucker
cair 15 — fallen (herunter), stürzen, abstürzen
a caixa 8 — Kasse
calçar 8 — anziehen (Schuhe, Socken, Handschuhe)
as calças 8 — Hosen
os calções 8 — kurze Hosen
a caldeirada 4 — port. Fischeintopf
o caldo verde 4 — port. Suppe aus grünem Kohl und Kartoffeln
o calendário 3 — Kalender
a cama 5 — Bett
a Câmara Municipal 3 — Rathaus
o câmbio 6 — Kurs (a como está o câmbio? — wie steht der Kurs?)
a camisa 8 — Hemd
a camisola 8 — Pullover
o campo 9 — Land, Feld
o camponês 1 — Bauer
a caneca 4 — Krug, Maß
a canja 4 — Hühnersuppe
cansado 2 — müde (Masc., Sing.)
cantar 5 — singen
o cão 3 — Hund
o capitão 3 — Kapitän
a cara 18 — Gesicht
o carapau 4 — Stichling
a carne 4 — Fleisch
as carnes frias 4 — Wurst, Wurstsorten
caro 4 — teuer
caro senhor 15 — lieber Herr
caros amigos 15 — liebe Freunde
o carro 3 — Auto
a carta 10 — Brief
a casa 1, 16 — Haus, a. Spielfeld
a casa de banho 20 — Bad, Badezimmer
a casa de espectáculo 12 — Showhaus
a casa de fados 12 — kl. Restaurant/Kneipe, wo fado (typ. port. Gesang) gesungen wird

o casaco 8 — Jacke, Mantel
casado/-a 1 — verheiratet
castanho 8 — braun
a cave 12 — Keller, Weinkeller
cedo 5 — früh
o centro comercial 3 — Einkaufszentrum
certo 6, 12 — richtig, einverstanden
o céu 2 — Himmel
a cerveja: branca/preta 2, 4 — Bier: helles Bier/dunkles Bier
a cervejaria 12 — Bar
o chá 4 — Tee
chamar 1 — heißen, a. rufen, aufrufen
chamo-me (v. chamar) — ich heiße
o chão 2 — Boden
o chapéu 8 — Hut
o chapéu de chuva 9 — Regenschirm
a chave 5 — Schlüssel
o chefe 2 — Chef
a chegada 12 — Ankunft
chegar 3 — ankommen, a. reichen (chega — es reicht)
cheio 4 — voll
o chinês/chinês 1 — Chinese, chinesisch
a chita 20 — bedruckter Kattun
o chocolate 4 — Schokolade
chover 2 — regnen
o churrasco 4 — in Portugal: gegrilltes Hähnchen; in Brasilien:
verschiedene Fleischsorten, gegrillt
a cidade 3 — Stadt
o cigarro 18 — Zigarette
o cinema 5 — Kino
o cinto 8 — Gürtel
o cinzeiro 20 — Aschenbecher
citado 12 — zitiert
a clareza 16 — Deutlichkeit
claro 7 — klar, a. hell
o cliente 8 — Kunde
o cofre 17 — Safe, Tresor
coitada 17 — die Arme, arme
colar 11 — kleben
com 2 — mit
com todo o gosto 7 — gerne, mit Vergnügen
com todos 4 — mit Beilage
o comboio 3 — Zug
começar 5 — anfangen
comer 4 — essen
come-se 4 — man ißt
comigo 9 — mit mir
como 2 — wie
como está? 2 — wie geht es Ihnen/dir?
como vai o senhor? 2 — wie geht es Ihnen?
completamente 18 — völlig, ganz

completar 2 – vervollständigen
comprar 5 – kaufen
comprido 8 – lang
o comprimido 14 – Tablette
concretamente 12 – genau
conduzir 19 – fahren
a conferência 18 – Besprechung, Konferenz, Tagung
conhecer 7 – kennen
conhecido/o conhecido 9, 15 – bekannt/Bekannter
o conselho 13 – Rat
consertar 20 – zurecht machen, a. reparieren
consigo 9 – mit Ihnen, a. mit sich selbst
constipado 14 – erkältet
a construção 20 – Bau, Bauart
construir 12 – bauen, bilden
o consultório 19 – Praxis
a conta 4 – Rechnung
contactar 20 – Kontakt herstellen, Verbindung aufnehmen
contar 3 – zählen, a. erzählen
contente 2 – zufrieden, froh
o conteúdo 11 – Inhalt
contigo 9 – mit dir
continuar 4 – weitermachen, fortsetzen
contra 14 – gegen
o contrário 8 – Gegenteil
a conversa 7 – Gespräch
convidar 10 – einladen
o convidado 10 – Gast
o convite 7 – Einladung
o copo 4 – Glas
a cor 8 – Farbe
cor de laranja 8 – orange
cor de rosa 8 – rosa
o coração 14 – Herz
a coragem 12 – Mut
o coro 15 – Chor
o corpo humano 14 – menschlicher Körper
o corredor 20 – Flur
o correio 1 – Post, Postamt
a correspondência 7 – Verbindung, Entsprechung, a. Korrespondenz
a costa 14 – Küste
as costas 14 – Rücken
a costeleta 4 – Kotelett
o couro 8 – Leder
cozido/-a 4 – gekocht
a cozinha 20 – Küche
cozinhar 5 – kochen
a criança 6 – Kind
a cruz 16 – Kreuz
com cuidado 5 – vorsichtig
o culpado/culpado 17 – Schuldiger/schuldig

o cunhado/-a 10 — Schwager, Schwägerin
curto 8 — kurz
custar 6 — kosten
quanto custa? 7 — wieviel kostet?

D

o dado 16 — Würfel
daqui 3 — von hier
dar 12 — geben
"dar uma mãozinha" 16 — helfen
a data 17 — Datum
de 1 — von, aus
de acordo 5 — einverstanden
de graça 16 — gratis
de nada 10 — bitte schön (Antwort auf danke)
de vez em quando 10 — ab und zu
declarar 17 — erklären
o dedo 14 — Finger
o dedo do pé 14 — Zeh
deitar fora 19 — wegwerfen
estar deitado/-a 2 — liegen
deixar 17 — lassen
deixe! 10 — lassen Sie mal/laß mal!
dela 9 — von ihr
dele 9 — von ihm
demais 4 — zuviel
demorar 11 — dauern
o dente 14 — Zahn
o dentista 5 — Zahnarzt
dentro de 6 — innerhalb
dentro de dias 14 — innerhalb weniger Tage
depende 8 — es kommt darauf an, es ist unterschiedlich
depois 4 — nach, nachher
o depósito 15 — Tank (v. Auto)
depressa 5 — schnell
desapareça! 16 — verschwinden Sie/verschwinde!
desaparecer 18 — verschwinden
o desastre 17 — Unfall
descalçar 8 — ausziehen (Schuhe, Socken, Handschuhe)
descansar 11 — sich ausruhen
descrever 11 — beschreiben
a descrição 20 — Beschreibung
desculpa/descuple 2 — entschuldige/entschuldigen Sie
desejar 5 — wünschen
        o que deseja? 8 — was wünschen Sie, was möchten Sie?
o desenho 12 — Bild, Zeichnung
desligar 10 — ausschalten
desocupado 20 — unbewohnt
despedir-se 2 — sich verabschieden

despir 8 — ausziehen (Kleidung)
desportivo 19 — sportlich
o destinatário 11 — Empfänger
Deus do céu! 3, 17 — um Gottes willen! Mein Gott!
devagar 7 — langsam
o dia; do dia 5 — Tag; vom . . .
a diária 5 — Tagespreis, Übernachtung (Preis)
a diarreia 14 — Durchfall
diferente 10 — verschieden, anders
difícil 8 — schwierig
o dinheiro 5 — Geld
a direcção 7 — Adresse
direita/à direita 3 — rechts/nach rechts
o disco 20 — Schallplatte
disparate! 9 — Unsinn!
dizer 8 — sagen
doce 4 — süß
o documento 6 — Dokument
doente 2 — krank
dois 2 — zwei
o domingo 3 — Sonntag
Dona 1 — Frau
dona de casa 1 — Hausfrau
a dor 14 — Schmerz
dormir 6 — schlafen
a duração 20 — Dauer
durante 12 — während
duro 8 — hart

E

e 1 — und
é 1 (v. ser = sein) — ist
ela 1 — sie
ele 1 — er
elas 1 — sie (Fem., Pl.)
eles 1 — sie (Masc., Pl.)
o eléctrico 3 — Straßenbahn
em 1 — in
em frente 3 — gerade aus
em frente de 3 — vor, gegenüber
em ordem 17 — in Ordnung
emagrecer 16 — abnehmen
a Embaixada 15 — Botschaft
embarcar 18 — einsteigen, abfliegen, wegfahren
a ementa 4 — Speisekarte
o empregado 12 — Angestellte
o empregado de mesa 7 — Kellner
o emprego 6 — Beruf, Stelle
empurre! 20 (v. empurrar = drücken) — drücken!

"ena" 4 — Umgangssprache: "schau mal"
encantar 20 — verzaubern
encher 9 — füllen
a encomenda 11 — Paket, Päckchen
encontrar-se 2 — sich treffen
encolher 8 — einlaufen
o encontro 15 — Rendezvous, Treffen
o enfermeiro 1 — Krankenpfleger
o engenheiro 1 — Ingenieur
entrar 5 — eintreten
entregar 5 — abgeben
entender 8 — verstehen
entre 3 — zwischen
enviar 10 — schicken
errado 19 — falsch
a erva 2 — Gras
és (v. ser = sein) 1 — bist
escolher 12 — suchen, aussuchen
escorregar 5 — ausrutschen
escrever 5 — schreiben
o escritor 19 — Dichter, Schriftsteller
o escudo 6 — port. Währung
espanhóis/os espanhóis 1 — spanisch/Spanier (Pl. v. espanhol =
spanisch/Spanier)
esperar 6 — warten
esperar 15, 20 — abholen (Menschen), hoffen
esperto 19 — schlau
a esposa 5 — Ehefrau
esquecer 18 — vergessen
esquerda/à esquerda 3 — links/nach links
esquiar 16 — Ski fahren
esse 20 — dieser dort
esta 20 — diese hier
está 2 (v. estar = sein) — ist
a estação 5 — Bahnhof, a. Jahreszeit
a estação rodoviária 3 — Busbahnhof
a estadia 5 — Aufenthalt
estar 2 — sein
estar a chover 2 — regnen (gerade)
estar a nevar 2 — schneien (gerade)
estar com fome 2 — hungrig sein
estar com pressa 2 — es eilig haben
estar com sede 2 — durstig sein
estar deitado 2 — liegen
estar em pé 2 — stehen
estar na moda 16 — modisch sein
estar sentado 2 — sitzen
este 4 — dieser hier
o estômago 14 — Magen
estreito 8 — schmal
estudar 2 — studieren, a. lernen

o estúdio 2 – Studio
eu 1 – ich
excelentíssimo 15 – sehr geehrter . . .
a excepção 1 – Ausnahme
o exercício 2 – Übung
a explicação 13 – Erklärung
a expressão 6 – Ausdruck
as expressões populares 16 – umgangssprachliche Floskeln, kurze Sätze
expressar 16 – ausdrücken
por expresso 11 – Expreß, Eilpost

F

a fábrica 1 – Fabrik
fácil 2 – einfach
facílimo 3 – ganz einfach
o fadista 4 – Fadosänger
o fado 4 – typ. port. Gesang
falador 2 – Schwätzer, gesprächig
falar 1 – sprechen, reden
falta (v. faltar = fehlen) 5 – es fehlt
a farmácia 1 – Apotheke
a fatia 6 – Scheibe
o fato 8 – Anzug, Kostüm
o fato de banho 8 – Badeanzug
o favor 11 – Gefallen
    faz favor 3 – bitte schön, entschuldigen Sie . . .
    não **faz** mal (v. fazer) 10 – das macht nichts
    tanto **faz** 10 – es ist gleich
a fazenda 8 – Schurwolle
fazer 5 – machen, tun
fazer caso 16 – aufpassen
fazer companhia 13 – Gesellschaft leisten
fazer horas 16 – die Zeit totschlagen
fazer as pazes 16 – sich versöhnen
a febre 14 – Fieber
fechar 6 – schließen, zumachen
feito (v. fazer) 13 – gemacht
feliz 1 – glücklich
felizardo 14 – Glückspilz
felizmente 14 – glücklicherweise
o feltro 8 – Filz
as férias 12 – Ferien, Urlaub
o fiambre 4 – gekochter Schinken
ficar 3 – liegen, sich befinden
fica para a próxima 18 – das nächste Mal (das machen wir das nächste Mal)
ficar triste 20 – traurig werden
a ficha 11 – Chips z. Telefonieren
o fígado 14 – Leber
a figura 8 – Bild

a filha 10 — Tochter
o filho 10 — Sohn
o filhos 10 — Söhne, Kinder
o filme de terror 15 — Horrorfilm
o fim 7 — Ende, Schluß
o fim 15 — Abschluß
finalmente 3 — endlich
as Finanças 15 — Finanzamt
a flor 1 — Blume
a floresta 2 — Wald
a florista 12 — Floristin
o fogão de sala 20 — offener Kamin
a fome 2 — Hunger
fomos (v. ir = gehen oder ser = sein, Perfekt) 15 — wir sind gegangen, a.
wir sind gewesen
fora 10 — raus, auswärts
forte 4 — stark
fraco 14 — schwach
a francesa/francesa 1 — Französin, französisch
o frango de caril na púcara 4 — Curryhähnchen, im Tontopf zubereitet
o frasquinho (v. frasco) 18 — Fläschchen
fresco 4 — kühl, frisch, kalt
o frigorífico 5 — Kühlschrank
o frio/frio 2 — Kälte/kalt
a fruta 4 — Obst
fruta da estação 4 — Obst der Saison
o fruto 4 — Frucht
fumar 10 — rauchen
o funcionário 11 — Beamter
o futuro 11 — Zukunft

G

a gabardina 8 — Regenmantel
o galão 4 — Kaffee mit Milch (port.)
a ganga 4 — Jeansstoff
a garganta 8 — Hals
a garrafa 4 — Flasche
garrido 20 — fröhlich
gastar o latim 16 — umsonst reden
o gato, gatinho 19 — Katze, kl. Katze
o gelado 1 — Eis(speise)
o genro 10 — Schwiegersohn
o gerente 2 — Geschäftsführer, a. Leiter
a gente 3 — Leute, Menschen
a ginástica 18 — Gymnastik
o golfinho 19 — Delphin
gordo 8 — dick, fett
a gorjeta 7 — Trinkgeld
gostar 1 — mögen, gern haben

o gosto 7 — Geschmack
com muito **gosto** 7 — gerne, mit Vergnügen
com todo o **gosto** 7 — sehr gerne, mit Vergnügen
de **graça** 14 — gratis
que **graça** 14 — wie lustig, wie witzig!
grande 3 — groß
os graus dos adjectivos 19 — Vergleich/Steigerung der Adjektive
o grego/grego 2 — Grieche/griechisch
a gruta 6 — Grotte, Höhle
guiar 19 — fahren
o guiché 11 — Schalter

H

há (v. haver) 2 — es gibt
há quanto tempo 20 — wann, "vor wie langer Zeit"
a história 2 — Geschichte
hoje 8 — heute
a holandesa/holendesa 1 — Holländerin/holländisch
a hora 3 — Stunde
o horário 5 — Stundenplan, Öffnungszeiten, etc.
horrível 8 — furchtbar, schrecklich
a hospedeira 12 — Stewardess
húmido 19 — feucht

I

idêntico 16 — ähnlich
igual 4 — gleich
a igreja 3 — Kirche
a ilha 14 — Insel
importante 3 — wichtig
a impressão 18 — Eindruck
o impresso 17 — Formular
incluído 5 — inbegriffen
a indiazinha 19 — kl. Indianerin
infeliz 8 — unglücklich
a influência 15 — Einfluß
a informação 20 — Auskunft
a inglesa/inglesa 2 — Engländerin/englisch
o início 15 — Anfang
o inquérito 20 — Umfrage
inteligente/inteligentíssimo 19 — intelligent/äußerst intelligent
a interrupção 18 — Unterbrechung
o Inverno 16 — Winter
ir 3 — gehen
ir embora 5 — weggehen
ir de roda 20 — drehen, wirbeln
irregular 15 — unregelmäßig
irritar 16 — ärgern

isso 9 — das (dort)
isso passa 10 — das vergeht
isto 8 — das (hier)
a italiana/italiana 1 — Italienerin/italienisch

J

já 7 — schon
já estão a chamar 18 — man ruft gerade . . . auf
o jantar/jantar 4 — Abendessen/zu Abend essen
o japonês/japonês 2 — Japaner/japanisch
o jardim 2 — Garten
a jardineira 4 — Gärtnerin
o jogo 16 — Spiel
o jornal 6 — Zeitung
o jornaleiro 7 — Zeitungsverkäufer

L

lá 2 — dort
a lã 8 — Wolle
o ladrão 8 — Dieb
o lápis 16 — Bleistift
largar 20 — loslassen
largo 8 — breit
lavar 8 — waschen
o leão 4 — Löwe
os legumes 4 — Gemüse
o leite 4 — Milch
o leite creme 4 — eine Art Pudding (port.)
o lençol 14 — Leintuch
a lenda 19 — Legende
o letreiro 19 — Schild
levar 5 — mitnehmen
a licença 10 — Erlaubnis
ligar 10 — einschalten
a limonada 4 — Limo
limpar 10 — putzen, reinigen
limpar a seco 13 — trocken reinigen
limpo 7 — sauber, gereinigt
lindo 14 — schön, hübsch
a língua 9 — Zunge
a linha 5, 18 — Faden, Zeile, Gleis, Linie
o linho 8 — Leinen
a lista de bebidas 4 — Getränkekarte
livre 7 — frei
o local 20 — Ort
o local de nascimento 18 — Geburtsort
até logo 2 — bis später
a loja 16 — Geschäft

o lombo 4 — Filet, Lende
longe 3 — weit
a louça toda 5 — das ganze Geschirr
o lugar 12 — Platz, a. Ort
as lulas 4 — Tintenfisch
a luz 10 — Licht

M

má 8 — schlecht (Adj., Fem.)
o maço 18 — Schachtel
a madrasta 10 — Stiefmutter
a madrinha 10 — Taufpatin, a. Trauzeugin
maduro 4 — reif (bei Wein: maduro≠verde)
magro 8 — schlank
o maior 2, 19 — der "Beste", der Größte; maior — größer
mais 2 — mehr, noch
mais ou menos 2, 3 — "es geht", mehr oder weniger; ungefähr
mal 8 — schlecht (Adv.)
a mala 6 — Koffer
mandar 13 — befehlen, a. schicken
mandar lavar 13 — waschen lassen
mandar seguir 18 — zum Weitergehen auffordern
de manhã 13 — vormittags
a manteiga 4 — Butter
a mão 14 — Hand
o mapa 12 — Karte, Plan
uma maravilha 7 — ein Wunder, wunderbar
a marcação 12 — Buchung
o marido 10 — Ehemann
o marisco 4 — Meeresfrüchte
a marmelada 13 — Marmelade, Konfitüre
mas 2 — aber
matar 9 — töten, umbringen
matar a sede 9 — den Durst stillen
a matéria 8 — Stoff, Lehrstoff
mau 8 — schlecht (Adj., Masc.)
no máximo 19 — maximal, höchstens
me 7 — mich, mir
o médico 1 — Arzt
medir 19 — messen
o medo 14 — Angst
meia noite 3 — Mitternacht
meio dia 3 — Mittag
meia pensão 5 — Halbpension
as meias 8 — Socken, Strümpfe
as meias-calças 8 — Strumpfhosen
os meios de transporte 3 — Verkehrsmittel
a melancia 6 — Wassermelone
melhor 19 — besser

o membro 14 — Glied, a. Mitglied
a menina 4 — Mädchen
menor 19 — kleiner
o menor 19 — der Kleinste
menos 2, 12 — wenig, weniger; außer
a mentira 17 — Lüge
mergulhar 6 — tauchen, ins Wasser springen
o mês 3 — Monat
a mesa 17 — Tisch
mesmo 12, 3 — gleich; genau
meu (o meu) 1 — mein
mexer 19 — anfassen
o mexicano/mexicano 14 — Mexikaner/mexikanisch
para **mim** 4 — für mich
minha (a minha) 1 — meine
minha senhora 8 — meine Dame
o Minho 12 — Gebiet in Nordportugal
no mínimo 19 — mindestens
o minuto 3 — Minute
a mobília 20 — Möbel
o mocho 2 — Eule, Uhu
a moeda 6 — Münze, a. Währung
mole 8 — weich
o molho 4 — Sauce
"molotof" 4 — port. Pudding
o monumento 12 — Denkmal
a morada 17 — Adresse
morar 1 — wohnen
moreno 14 — braungebrannt, brünett
a morte 19 — Tod
mostrar 7 — zeigen
a mota/moto 3 — Motorrad
o motorista 7 — Fahrer
a mundança 2 — Änderung, Veränderung
mudar de casa 16 — umziehen (Wohnung)
mudar de roupa 6 — sich umziehen (Kleidung)
muita/muitas 4 — viel/viele (Fem.)
muito/muitos 4 — sehr, viel/viele (Masc.)
a mulher 10 — Frau
Munique 1 — München

N

na 1, 2 — in der, auf der
nada 8, 10 — nichts, überhaupt nichts
de nada 10 — bitte schön (Antwort auf danke)
nadar 5 — schwimmen
não 1 — nein, nicht
o nariz 14 — Nase
nascer 12 — geboren werden

o nascer do sol 12 — Sonnenaufgang
Natal 16 — Weihnachten
as natas 4 — Sahne
a negação 1 — Verneinung
nem . . . nem . . . 20 — weder . . . noch
nem pensar 16 — auf gar keinen Fall
neta 10 — Enkelkind
nevar 2 — schneien
no 1 — in dem
no fim 7 — am Ende
nocturno 12 — nächtlich
a noite 2 — Nacht, a. Abend
o nome 1 — Name
a nora 10 — Schwiegertochter
normalmente 9 — normalerweise
nos 7 — uns
nós 1 — wir
à nossa saúde 16 — auf unser Wohl, Prosit
a nota 6 — Geldschein, a. Notiz
a notícia 18 — Nachricht
a novidade 18 — Neuigkeit
novo 5 — neu
o número 2, 6 — Zahl, Nummer
nunca 8 — nie
nunca mais 4 — nie wieder
a núvem 2 — Wolke

O

o 1 — der
obrigado/-a 2 — Danke
os óculos 8 — Brille
oferecer 20 — anbieten, schenken, geben
oi 2 — hallo
olá 1 — hallo
onde 1 — wo, a. wohin
ondular 20 — wellen, a. wälzen
ônibus 3 — Bus
oral 16 — mündlich
orelha 14 — Ohr
o órgão 14 — Organ
os 1 — die (Masc., Pl.)
ou 2 — oder
ou . . . ou 5 — entweder . . . oder
o ouro 5 — Gold
o Outono 16 — Herbst
outra 13 — andere (Fem.)
outra vez 3 — noch einmal, schon wieder
o ouvido 14 — Ohr (innerlich)
o ovo 4 — Ei

P

paciente 19 — geduldig
a padaria 3 — Bäckerei
o padrasto 10 — Stiefvater
o padrinho/os padrinhos 10 — Taufpate, Trauzeuge/Trauzeugen
pagar 4 — bezahlen
o pai/os pais 10 — Vater/Eltern (a. Väter)
o país 18 — Land (Staat)
a palavra 9 — Wort
as pantufas 8 — Hausschuhe
o pão 4 — Brot
o par 20 — Paar
para mim 4 — für mich
eu vou **para** o trabalho 3 — ich gehe/fahre **zur** Arbeit
está um ventinho bom **para** 6 — es weht ein angenehmer Wind **für** . . . ;
      a. **um zu** . . .
parabéns 7 — Gratulation
parar 6 — halten
páre! 19 — halt! halten!
parecer 8 — scheinen
a partida 5, 16 — Abfahrt, Abflug, Start
uma partida 16 — ein Spiel
partir 5 — weggehen/-fahren/-fliegen
a partir de 5 — ab
a Páscoa 16 — Ostern
"isso **passa**" 10 — das vergeht schon
o que se **passa**? 14 — was ist los?
o passado 15 — Vergangenheit
passar 6 — vorbeigehen
passear 6 — spazierengehen/-fahren
o passo 20 — Schritt
a pasta de dentes 14 — Zahnpasta
o pastel 4 — kl. Kuchen
a pastelaria 13 — Konditorei
o pastor alemão 14 — Schäferhund
a pausa 5 — Pause
a pé 3 — zu Fuß
o pé 14 — Fuß
a peça de teatro 17 — Theaterstück
a peça de vestuário 13 — Kleidungsstück
peça por peça 13 — Stück für Stück
pedir 7 — bestellen, bitten
o peixe/peixinho 4 — Fisch
pela 6 — durch (= por + a — durch die)
pela primeira vez 7 — zum ersten Mal
pelo 7 — durch (= por + o — durch den)
tenho **pena**! 16 — es tut mir leid
que **pena**! 5 — wie schade!
vale a **pena** 4 — es lohnt sich
pensar 13 — denken

pequenino 4 – klein (v. pequeno)
o pequeno almoço 4 – Frühstück
perceber 16 – verstehen
perder 16 – verlieren
perder-se 9, 18 – verloren gehen, sich verirren
o perfume 18 – Parfum, Duft
perguntar 6 – fragen
o perigo 19 – Gefahr
perigoso 19 – gefährlich
a perna 14 – Bein
perto de 3 – in der Nähe von
pesado 11 – schwer (an Gewicht)
o pescador 4 – Fischer
o pescoço 14 – Hals
péssimo 19 – furchtbar schlecht
o petisco 4 – Leckerbissen, a. Brotzeit
picante 4 – scharf
o pincel 14 – Pinsel
o pinhal 14 – Pinienwald
o pinheiro 7 – Pinie
pior 19 – schlechter, schlimmer
a piscina 5 – Schwimmbad
a planta duma casa 20 – Haus-/Wohnungsplan
pobre 8 – arm
poder 5 – können, a. dürfen
o poema 20 – Gedicht
a poesia 20 – Poesie
pois é! 4 – jawohl, ganz genau, eben
a Polícia 3, 17 – Polizei, Polizeirevier
"na **ponta** da língua" 18 – sehr gut, ausgezeichnet
por amor de Deus! 5 – um Gottes willen!
por avião 8 – per Luftpost
por hora 6 – pro Stunde
por pessoa 5 – pro Person
por baixo 11 – unter
por cima 11 – über
por falar em . . . 6 – weil man gerade davon spricht . . .
pôr 8 – aufsetzen, a. setzen, legen, stellen
o pôr do sol 12 – Sonnenuntergang
por que, porquê 9 – warum
porque 9 – weil
o porco 4 – Schwein
em pormenor 13 – im Detail
o porte 20 – Haltung
o porteiro 1 – Pförtner
o porto 6 – Hafen
português/o português 2 – portugiesisch/Portugiese
portuguesa/a portuguesa 7 – portugiesisch/Portugiesin
a possibilidade 10 – Möglichkeit
o postal 11 – Postkarte
o posto de gasolina 3 – Tankstelle

o posto de socorro 5 — Rettungsstelle
pouco 8 — wenig
um pouco de 4 — ein bißchen von
a prata 2 — Silber
o prato 7 — Teller, a. Gericht
precisar de 5 — brauchen
o preço 7 — Preis
preencher 15 — ausfüllen, vervollständigen
preferido 4 — bevorzugt
preferir 4 — bevorzugen, lieber mögen
o prego 4 — hier: Fleisch mit Brot und etwas Sauce (port.)
(o) presente 9 — Geschenk, a. Gegenwart, anwesend
a pressa 2 — Eile
a preposição 1 — Präposition
o pretérito perfeito 15 — Perfekt
a Primavera 16 — Frühling
primeiro 7 — zuerst, a. erstens
o primo/a prima 10 — Cousin/Cousine
o príncipe 18 — Prinz
o princípio 16 — Anfang
privilegiado 20 — günstig
o problema 2 — Problem
procurar 20 — suchen, aussuchen
o professor 1 — Lehrer
a profissão 1 — Beruf
proibido 5 — verboten
os pronomes demonstrativos 20 — Demonstrativpronomen
os pronomes pessoais 13 — Personalpronomen
os pronomes possessivos 1 — Possessivpronomen
a pronúncia 10 — Aussprache
a propósito 17 — übrigens
o prospecto 12 — Prospekt
próspero 16 — glücklich
a prova 12 — Probe
provar 8 — probieren, anprobieren
bom proveito 7 — guten Appetit
até à **próxima** 2 — bis zum nächsten Mal
o pseudónimo 19 — Pseudonym, Deckname
o pudim 4 — Pudding
puro 5 — rein
puxe! 19 — ziehen!

Q

qual 4 — welche, a. welcher/welch/welches
a qualidade 8 — Qualität, a. Eigenschaft
quando está pronto? 13 — wann ist es fertig?
quantas? 8 — wie viele? (Fem.)
quantas vezes? 7 — wie oft?
quanto? 8 — wieviel?

quanto custa? 7 — wieviel/was kostet?
quanto custa isto? 9 — wieviel kostet das?
há **quanto** tempo? 20 — wann?; "vor wie langer Zeit?"
quantos 3 — wie viele (Masc.)
quarta-feira 3 — Mittwoch
o quarto 5 — Zimmer, Schlafzimmer
quarto individual/de casal 5 — Einzel-/Doppelzimmer
um quarto de hora 3 — eine Viertelstunde
quatro 3 — vier
quase 4 — fast
que 4 — daß (Nebensatz), a. der, die, das, den, etc.
acho **que** 3 — ich denke, daß
que grande cidade! 3 — was für eine große Stadt!
que graça! 14 — wie lustig!
a **que** horas? 3 — um wieviel Uhr?
que horas são? 3 — wie spät ist es?
em **que** dia? 3 — an welchem Tag?
o **que** fazes? 6 — was machst du?
que tal? 4 — wie wäre es mit . . . ?
o queijo 4 — Käse
quem 9 — wer
de **quem** 9 — von wem
querer 5 — wollen
queria (v. querer) 4 — ich hätte gern, ich möchte gern
querido 15 — lieber, a. Geliebter . . .
quinta-feira 3 — Donnerstag

R

ralhar 10 — schimpfen
o rapaz 2 — Junge
rápido 8 — schnell
a raposa 19 — Fuchs
raras vezes 20 — selten
a razão 9 — Recht, a. Vernunft, Grund
real 19 — wirklich
realmente 19 — tatsächlich, in der Tat
o recibo 10 — Rechnung, Beleg
o refrigerante 5 — Erfrischungsgetränk
"regalado" 15 — sehr gut
a região 5 — Gebiet, Gegend
registado = registrado 11 — einschreiben (Sendung)
regular 11 — regelmäßig
que **remédio**! 9 — kann man nichts machen, nichts ändern!
os remédios 9 — Medizin, Medikamente
o remetente 11 — Absender
a renda 8, 20 — Spitze, Miete
a repetição 15 — Wiederholung
repetir 2 — wiederholen
reservar 12 — reservieren

resolver 12 — entscheiden
respeitosos cumprimentos 15 — mit freundlichen Grüßen
responder 7 — beantworten, antworten
responder afirmativamente 11 — zustimmen, zusagen
o restaurante 2 — Restaurant
resumindo 3 — zusammengefaßt, kurz
resumir 18 — zusammenfassen
rever 5 — wiederholen
a revista 13 — Zeitschrift
rico 8 — reich
o rim 14 — Niere
a roupa 8 — Kleidung
a rua 1 — Straße

S

sábado 3 — Samstag
saber 3, 5 — wissen, können
o sabonete 14 — Seife
o saco 6 — Reisetasche, a. Tüte, Sack
o saco de viagem 18 — Reisetasche
a saia 8 — Rock
a sala 17, 20 — Zimmer, Wohn- oder Eßzimmer
a salada 4 — Salat
a salada de fruta 4 — Obstsalat
o salão 5, 20 — großes Eßzimmer, großes Wohnzimmer
saltear 20 — erobern, rauben
saltitar 20 — sich bewegen (mit kleinen Schritten)
são 1 (v. ser) — sind
são três horas 3 — es ist drei Uhr
a sapataria 3 — Schuhgeschäft
o sapato 8 — Schuh
a sardinha 4 — Sardine
saudade 15 — Sehnsucht, a. Gruß
saudável 9 — gesund
a saúde 9 — Gesundheit
à nossa **saúde**! 16 — auf unser Wohl, Prosit!
se 2, 6 — sich, ob
se és! 14 — und ob! Das bist du!
a secção de perdidos e achados 17 — Fundbüro
a secretária 1 — Sekretärin
a seda 8 — Seide
a sede 2 — Durst
com **sede** 2 — durstig
seguir 18 — weitergehen, a. folgen
a seguir 18 — anschließend
segunda-feira 3 — Montag
em segurança 17 — in Sicherheit
o selo 11 — Briefmarke
sem 6 — ohne

sem pés nem cabeça 12 — hat weder Hand noch Fuß
sem tirar nem pôr 16 — nicht mehr, nicht weniger
a semana 3 — Woche
semear 20 — säen
sempre 3, 8 — immer, doch
senhor 2 — Herr
sentido proibido 19 — Einbahnstraße
sério 19 — ernst, zuverlässig
serpentear 20 — sich durchschlängeln
ser 1 — sein
servir 8 — passen
a sestinha 9 — Schläfchen
o seu 1 — Ihrer, a. sein, ihr
sexta- feira 3 — Freitag
siamês 14 — siamesisch
o silêncio 19 — Ruhe
simpático 19 — nett, sympatisch
só 7 — nur, a. allein
a sobremesa 4 — Nachtisch
o sobrinho 10 — Neffe
o sogro 10 — Schwiegervater
o sol 2 — Sonne
o solário 15 — Solarium
solteiro 1 — ledig
somos (v. ser) 1 — wir sind
a soneca 6 — Schläfchen
a sopa 4 — Suppe
a sorte 15 — Glück
sossegado 5 — ruhig
sou (v. ser) 1 — ich bin
"soube-me às mil maravilhas" 16 — es hat mir hervorragend geschmeckt
a sua 1 — Ihre, a. seine, ihre
a sugestão 7 — Vorschlag
sujo 8 — schmutzig
o sumo 4 — Saft
a surpresa 4 — Überraschung

T

a tabuleta 19 — Verkehrsschild
que tal . . . ? 4 — wie wäre es mit . . . ?
o talão 6, 13 — eine Nummer die gerufen wird; Abholschein
o talho 7 — Metzgerei
talvez 9 — vielleicht
também 1 — auch
tanto 8 — so viel
tão bom! 2 — so schön/gut!
tarde 5 — spät
de tarde 13 — nachmittags
o teatro 10 — Theater

a televisão 5 — Fernsehen
o tempo 2 — Wetter, a. Zeit
a tempo 18 — rechtzeitig
tenho 4 (v. ter) — ich habe
tenho a certeza absoluta 16 — ich bin ganz sicher
tenho muita pena, mas . . . 16 — es tut mir sehr leid, aber . . .
ter de = ter que 5 — müssen
terça-feira 3 — Dienstag
terminar 20 — beenden, enden
o terreno 20 — Grundstück
teu 4 — dein
tinto (vinho) 4 — rot
o tio 10 — Onkel
o tipo 15 — Muster, Typ
tirar 8 — wegnehmen, abnehmen
tocar 11, 19 — spielen (Musik), anfassen
todas 8 — alle (Fem., Pl.)
todos 9 — alle (Masc., Pl.)
com todos 4 — mit Beilage
tomar 7 — nehmen, a. trinken
a torre 12 — Turm
trabalhar 1 — arbeiten
o trabalho — Arbeit
a tradução 15 — Übersetzung
o trajecto 12 — Route, Strecke
tranquilo 10 — ruhig
transformar-se 9 — sich verändern, sich ändern
o trânsito 12 — Verkehr
traquinas 2 — frech
trazer 10 — bringen, mitbringen
treinar 1 — üben
o treino 1 — Übung
tremido 12 — unscharf, a. zittrig
três 3 — drei
triste 2 — traurig
trocar 6 — wechseln, umtauschen
o troco 8 — Restgeld, Wechselgeld, Kleingeld
o tronco 8 — Stamm
tudo 2 — alles
tudo em ordem 17 — alles in Ordnung
é tudo 18 — es ist alles
tudo bem 2, 10 — alles bestens, ist schon gut
o turismo 12 — Fremdenverkehrsamt

U

última 13 — letzte (Fem.)
um 1 — ein
uma 1 — eine
umas 1 — einige (Fem.)

a universidade 1 — Universität
uns 1 — einige (Masc.)
útil 14 — nützlich

V

a vaca 4 — Kuh, Rind
vai; vais; vão (v. ir) 3 — geht; gehst, gehen
como **vai**? 2 — wie geht es?
vale a pena 4 — es lohnt sich
vamos lá! 1 — Aufforderung: machen wir weiter!
vamos repetir 2 — wiederholen wir!
vamos ver 3 — schauen wir!
a varanda 20 — Balkon
várias 12 — verschiedene, mehrere (Fem.)
velhinha 4 — Schnaps (port.), a. alte Frau
velho 8 — alt
o veludo 8 — Samt
o vencedor 18 — Sieger
a vendedora 7 — Verkäuferin
vender 11 — verkaufen
ver 6 — sehen, schauen
o verbo 1 — Verb
verde 8 — grün
a verdade 15 — Wahrheit
vermelho 8 — rot
o vestido 8 — Kleid
vestir 8 — anziehen (Kleidung)
é a **vez** de . . . 18 — jmd. ist dran
às vezes 10 — manchmal
de vez em quando 10 — ab und zu
a viagem 6 — Reise, Fahrt
viajar 7 — reisen, fahren
a vida 9 — Leben
vinho branco/da casa/tinto/verde 4 — Weißwein/Wein des
Hauses/Rotwein/port. Wein
vinte 3 — zwanzig
vir 12 — kommen
virar 3 — abbiegen
visitar 11 — besuchen
a vista 5 — Blick
a vitela 4 — Kalb
a vitória régia 19 — Wasserpflanze des Amazonas (Königin Viktoria)
viva! 2 — hallo, a. es lebe!
o vizinho 12 — Nachbar
o Verão 16 — Sommer
você 1 — Sie/du (Anrede)
vocês 1 — ihr/Sie (Pl.)
o voluntário 8 — Freiwilliger
o voo 18 — Flug

o voto 16 — Wunsch
vou (v. ir) 3 — ich gehe/fahre etc.

X

xi-coração — Umarmung (Umgangssprache) = xi-❤